W0271886

QUAND TOUT BASCULE…

Michel Chevalet

Quand tout bascule…

Ça n'arrive pas qu'aux autres

avec la collaboration de Jacques Lesinge

Michel LAFON

7-13, boulevard Paul-Émile-Victor – Île de la Jatte,
92521 Neuilly-sur-Seine Cedex

À Josiane et Christophe
qui m'accompagnent dans mon malheur.
Et à Fabrice qui le subit.

Préface de Philippe Douste-Blazy

Avoir donné la vie à un fils, l'avoir vu grandir, l'avoir guidé vers un métier, l'avoir vu fonder à son tour une famille, et découvrir, quelques mois plus tard, que cet adulte est redevenu un petit enfant, quoi de plus dur pour un père ?

C'est ce qui est arrivé à Michel Chevalet, après un trop banal accident de la route, tout cela parce qu'un conducteur de camion a confondu le jour et la nuit, et a oublié tout simplement de dormir. Son fils Fabrice a eu en effet la malchance de rencontrer sur sa route un inconscient qui l'a privé, brutalement et pour toujours, de ses yeux et de ses jambes, en un mot, de sa liberté. Un certain 21 août, tout a basculé pour cette famille…

La France a compté plus de quatre-vingt mille personnes tuées et un million et demi de blessés sur la route en dix ans. Au cours de l'année 2003, près de six mille personnes ont perdu la vie et près de cent vingt mille ont été blessées. Plus de cent cinquante mille personnes sont hospitalisées chaque année pour un traumatisme crânien et mille deux cents pour une lésion de la moelle épinière, essentiellement du fait d'un accident de la circulation. Entre la naissance et l'âge de vingt ans, la violence routière est responsable de cinquante pour cent des handicaps. Chaque année, le coût de cette violence pour la société française est de plus de vingt-cinq milliards d'euros.

Mais ces chiffres ne rendent pas compte de la douleur, de l'incompréhension et du désarroi des familles devant des tragédies que rien ne peut réparer, devant des drames d'autant plus insupportables qu'ils pourraient la plupart du temps être évités. Aucune famille française n'est épargnée.

Depuis deux ans et demi, le Gouvernement français a déclaré une guerre sans concession à la violence routière dont le coût humain est insoutenable, et les résultats ne se sont pas fait attendre. C'est grâce à l'impulsion forte du Président de la République, et par une politique volontariste que ces résultats ont été obtenus. Mais il faut poursuivre cet effort pour que plus jamais des jeunes gens comme Fabrice ne perdent stupidement la vie ou simplement leur liberté.

Je souhaite que ce cri d'amour d'un père soit un formidable message d'espoir pour tous ceux qui, comme Fabrice et sa famille, découvrent malgré eux le monde du handicap. J'espère aussi que cette souffrance sera entendue par tous ceux dont l'inconscience peut briser tant de vies.

Philippe DOUSTE-BLAZY
Ministre des Solidarités, de la Santé et de la Famille

Présentation de Marie-Anne Montchamp

Dans son ouvrage, Michel Chevalet ne cède pas à la critique facile des dysfonctionnements de l'administration française. Sa double formation d'homme de presse et de scientifique lui permet de proposer des actions concrètes pour que le handicap soit enfin compris, admis, et pleinement intégré dans notre société.

Chaque jour je rencontre, dans mes fonctions, des personnes et des familles touchées, comme Michel Chevalet et son fils, par le handicap. Chacun de nous doit, à sa manière, partager leurs angoisses, mais aussi comprendre leur souffrance. Les pouvoirs publics ne peuvent pas effacer l'irréparable, mais ils ont le devoir de tout mettre en œuvre pour assurer à nos concitoyens éprouvés une prise en charge rapide et adaptée, et une intégration sociale, éducative ou professionnelle à laquelle ils aspirent légitimement.

Trente ans après la loi fondatrice du 30 juin 1975, qui a posé comme principe le droit à la solidarité envers les personnes handicapées, la loi pour l'égalité des droits et des chances, la participation et la citoyenneté des personnes handicapées, qui sera prochainement publiée, crée de nouvelles institutions et instaure de nouveaux droits qui doivent leur permettre d'acquérir plus d'indépendance et d'autonomie, et de reconquérir ainsi leur dignité humaine : institution d'une prestation de compensation du handicap, création de maisons départementales du handicap destinées à être un lieu unique d'informations et de conseils, application pleine et entière du principe d'accessibilité pour le logement, les établissements ouverts au public, les lieux de travail, les transports en commun, les services de communication en ligne… mais aussi l'école et l'emploi. Ce grand chantier législatif trouve un indispensable complément dans la création de nouvelles places en établissements médicosociaux et de nouveaux services à domicile.

Chacun se doit de lire le témoignage poignant de vérité de Michel Chevalet pour que les personnes handicapées et leurs familles puissent y puiser l'espoir et trouver la force de leur combat, pour que tous les professionnels du handicap puissent développer au quotidien l'accueil et la qualité de la prise en charge attendus, mais aussi et surtout pour que ceux qui n'ont jamais vécu directement ou indirectement le handicap, comme l'auteur avant le 21 août 2001, prennent conscience que « Ça n'arrive pas qu'aux autres ».

Marie-Anne MONTCHAMP
Secrétaire d'État aux Personnes handicapées

Avant-propos sous forme de coup de colère

21 août 2004. Cela fait trois ans que c'est arrivé ! Tout nous semble loin. Et si proche. Trois ans de pleurs, de désespoir, d'espoir, de bonheur – si peu – et de galères. Trois ans que l'accident est arrivé.

Aujourd'hui il fait beau. Fabrice, notre fils, s'est assoupi dans sa chaise longue, sur la terrasse ombragée. Il est là, près de nous. En famille. Comme si rien ne s'était passé, comme lorsqu'il venait nous rendre visite après son travail à Rungis.

Il se levait à une heure ou deux heures du matin, aussi se reposait-il l'après-midi. Tout semble rentré dans l'ordre. Il est là. Il vit. Son visage est paisible. Je le regarde dormir, je me dis que ce n'est qu'un mauvais souvenir, un passage douloureux de la vie, que dorénavant tout va recommencer. Que nous allons être heureux.

Las ! Quelques détails sont là pour me ramener à la dure réalité, me rappeler que rien n'est réglé, que l'avenir s'annonce sombre, que Fabrice n'est pas guéri, si tant est que l'on puisse guérir d'un traumatisme crânien. Car c'est de cela qu'il s'agit.

Fabrice paraît intact. Simplement, il a pris trente kilos. Du jeune homme mince qu'il était, il est devenu un bibendum. Son bras gauche est en écharpe. De temps en temps, par réflexe, avec sa main droite il saisit sa main gauche inerte et ramène l'avant-bras sur son ventre.

Difficile de voir son fils ainsi diminué physiquement. Plus difficile encore de le regarder marcher en traînant sa jambe gauche, les yeux grands ouverts, la tête légèrement tournée, comme une plante qui cherche la lumière : Fabrice est aveugle. Il avance, cramponné à mon bras. Il hésite, trébuche sur le moindre obstacle, comme le coin du tapis. Pour lui, tout est désormais compliqué. Même les choses les plus simples, les gestes les plus élémentaires de la vie sont un vrai casse-tête. Essayez de vous laver les dents en fermant les yeux avec un bras attaché dans le dos ! Impossible pour lui de découper sa viande, de manger un yaourt…

Mais l'image la plus dure, la plus émouvante est celle de cet enfant, de mon fils, qui se déplace lentement, traînant son pied gauche sur le sol qu'il tâte du bout de sa canne blanche.

Voilà ce qu'en a fait, en sept dixièmes de seconde, un inconscient ! J'ose employer le terme d'« assassin ». Moins d'une seconde pour écraser la voiture de Fabrice avec son camion, et la précipiter sur l'arrière d'un autre camion. Sept dixièmes de seconde pour transformer un garçon heureux de vivre en un infirme à vie. Sept dixièmes de seconde pour anéantir une existence dans un fracas de tôles. Pour réduire une famille à néant, priver un enfant de son père. Un vrai gâchis. Une faillite pour notre société, qui n'a pas su prévoir ni gommer les effets d'un accident de la route. Il n'y a pas de fatalité. Il y a toujours une explication, un enchaînement implacable de circonstances qui mène à la catastrophe.

Conduire est un acte complexe, un acte responsable. Il faut traiter en temps réel des situations qui font appel à beaucoup d'informations dont certaines, parfois, nous sont inaccessibles. Certes. Mais dans le cas présent, comment pardonner à un conducteur de somnoler au volant de son camion, un conducteur qui roulait trop vite, et qui a percuté, sans freiner, une file de véhicules à l'arrêt ? Comment pardonner à celui qui n'a pas eu le courage, la dignité humaine, de s'inquiéter des dégâts irréversibles qu'il a causés ? Comment accepter la décision d'un juge qui lui a généreusement octroyé deux mois de prison avec sursis et six cents euros d'amende, et d'un autre qui, en appel – car il a fait appel – lui a rendu son permis de conduire ! C'est pourtant, hélas, la vérité !

Pour l'auteur de l'accident, responsable à cent pour cent, aucun préjudice, si ce n'est six cents euros que l'employeur a dû régler, employeur qui, d'ailleurs, ne s'est jamais préoccupé des graves lésions causées par son chauffeur. Pour la victime par contre, qui est innocente : 92 % d'incapacité à vie.

Un accident, cela ne se résume pas toujours à de la tôle froissée, des gyrophares, des embouteillages, du plâtre et de la rééducation. Ce sont aussi des séquelles irréversibles, des êtres humains condamnés au fauteuil roulant, diminués physiquement, et surtout touchés dans ce qu'il y a de plus noble : le cerveau, la pensée. Dès que le cerveau est atteint, c'est tout l'organisme qui est ébranlé. Quand bien même on arrive à rétablir quelques fonctions, grâce à une patiente rééducation, c'est la personnalité de l'individu qui est transformée. Il n'est plus le même. Ne sera plus jamais le même. Avec tout ce que cela implique comme difficultés, ce que l'on désigne sous le vocable de « réinsertion sociale ».

En un mot, lorsque les juristes ont tranché, lorsque le tribunal a adjugé, sans recours ultérieur possible, une somme d'argent, la société se lave les mains de l'accident, elle s'est donné bonne conscience.

Reste alors à apprendre à vivre avec son handicap. Je dis bien apprendre à vivre, car c'est d'une vie nouvelle qu'il s'agit.

Puisse ce témoignage faire réfléchir les inconscients, les criminels qui continuent à croire qu'ils sont les meilleurs conducteurs du monde, que l'accident, c'est pour les autres, qu'après tout, il y a des assurances. Puisse ce témoignage ouvrir les yeux sur le handicap, faire accepter la différence. Quand on gare sa voiture sur un trottoir, se pose-t-on la simple question de savoir comment un aveugle va la contourner ? Quand on stationne sur un passage protégé, se pose-t-on la question de savoir comment un handicapé en fauteuil roulant va pouvoir passer ?

C'est pourtant du simple bon sens. On appelle cela du civisme, le respect de l'autre. Les handicapés ont le droit de vivre avec nous. Comme nous. Ils sont plus de cinq millions en France. Ne l'oublions pas.

Nous sommes tous concernés

Oui, nous sommes tous concernés par le handicap. Les malformations et les accidents sont des loteries et le destin, un jour ou l'autre, peut désigner chacun d'entre nous. Il suffit de se rendre à l'hôpital de Garches pour s'en persuader.

Condamnés au fauteuil roulant en une fraction de seconde, les accidentés que l'on y soigne sont stupéfaits, incrédules. Le handicap ne « pouvait » pas les concerner et pourtant, du jour au lendemain, ils sont rejetés dans ce monde marginal qu'ils n'avaient jamais cherché à explorer, dont ils ne soupçonnaient pas l'infinie complexité.

2004 a été l'année du handicap. Cette priorité, voulue par Jacques Chirac, aura développé une prise de conscience. Un frémissement a été constaté dans la volonté de mieux prendre en compte le quotidien des cinq millions de handicapés comptabilisés en France, afin de leur faciliter la vie dans la cité. Il était temps de changer les mentalités.

Le handicapé était celui que l'on cachait. Pendant trop longtemps on a privilégié la politique de l'exclusion, du regroupement, au détriment de l'intégration. Aménager des espaces particuliers pour les handicapés c'est leur offrir un territoire où ils ne dérangent plus, comme on parque les Indiens dans une réserve, et les lépreux au cœur des bidonvilles de Calcutta. Vivez heureux, mais qu'on ne vous voie pas, qu'on ne vous entende pas…

Aujourd'hui, on privilégie désormais l'insertion, on considère que le handicapé est un citoyen à part entière et qu'il a droit aux mêmes facilités que tous. On réalise même que certains aménagements qu'on lui croyait réservés peuvent servir à la communauté un jour ou l'autre. Certains pays sont en avance sur la France dans ce domaine mais nous sommes, enfin, sur le bon chemin.

Je m'en réjouis car depuis que mon fils, Fabrice, a failli mourir, en 2001, dans un accident de voiture qui l'a laissé aveugle et hémiplégique, je connais l'enfer, je sais ce que « handicapé » veut dire.

Ce n'est pas seulement une vie qui est brisée, c'est une famille tout entière qui est broyée et qui doit faire face à mille problèmes administratifs, techniques, moraux, sociaux, au moment même où elle est totalement déstabilisée psychologiquement.

Ce sont ces dysfonctionnements, ces anomalies, ces vides, ces situations de détresse, que je veux dénoncer afin que l'on y trouve remède et que chacun se persuade que de tels drames n'arrivent pas qu'aux autres.

Moi non plus je ne me sentais pas concerné.

Avant.

Chapitre premier

Une mort annoncée

J'avais passé la journée au centre spatial de Cap Kennedy avec ma femme, Josiane, et Jean-Michel, un ami qui nous avait invités à passer quelques jours dans sa villa de Floride, au bord du golfe du Mexique. Bien que j'aie quitté mon poste de chroniqueur scientifique à TF1 en 1998, ma passion pour la science, l'espace, reste intacte. C'est une drogue dont je ne peux me passer, comme le besoin de faire partager les connaissances. Pendant des années je me suis régalé en expliquant aux téléspectateurs « comment ça marche ». En pleine conquête de l'espace, mettre la technologie de pointe à la portée de tous, démonter et rendre compréhensible les systèmes les plus complexes en une minute trente au journal de vingt heures étaient pour moi un plaisir et un défi. J'espère avoir réussi. Ce serait ma fierté et ma plus belle récompense.

Ayant pris du recul avec l'actualité, je me suis tourné vers une maison de production afin d'y poursuivre mes activités. Je continue à concevoir des émissions scientifiques que je propose aux chaînes de télé, et des DVD diffusés dans le commerce.

Je veux garder la tête dans les étoiles, conserver le contact avec les techniques les plus avancées. C'est un choix difficilement conciliable avec la vie de famille, celle-ci pâtissant bien souvent de l'envahissante présence de la science.

Pour une fois, justement, ces courtes vacances me permettaient de concilier les deux.

Aux États-Unis, les distances sont colossales, et pour nous, Français, le moindre déplacement paraît interminable. Il nous avait fallu quatre heures pour regagner la villa de Floride. Sitôt arrivé, Jean-Michel est allé consulter sa messagerie téléphonique. En revenant vers nous, il avait l'air troublé :

– Il y a un appel pour toi. Je crois que c'est ton fils, Christophe. Je ne comprends pas bien ce qu'il dit.

Christophe est l'aîné. Il avait trente-trois ans à l'époque ; une année de plus que son frère Fabrice. Il est journaliste, chroniqueur automobile, spécialiste du 4x4. Son appel me surprenait un peu car il n'avait pas pour habitude de se manifester. Dès que je l'entendis parler, je sus que quelque chose n'allait pas. Je reconnaissais à peine sa voix. Elle était voilée, sourde, les mots que je distinguais étaient hésitants, hachés. Je les comprenais à peine, mais certains, terribles, revenaient avec insistance : « Fabrice », « accident », « coma »... Après quelques secondes, je saisis enfin :

– Fabrice a eu un accident de voiture cet après-midi. C'est très grave. Je suis allé le voir ce soir à l'hôpital du Kremlin-Bicêtre. Il est en réanimation...

Un bref silence puis, dans un souffle :

– Je crois qu'il est mort.

Stupéfait, je refusai ces paroles qui déjà tambourinaient dans ma tête. Je restai planté devant le répondeur. Anéanti, incapable d'esquisser un geste, de prononcer un mot, les yeux rivés sur le combiné comme si j'en attendais le salut, le démenti.

Inquiète de ne pas me voir revenir, ma femme me rejoignit. Elle m'interrogea du regard et comprit instantanément qu'un événement grave venait de se produire. Je vis son visage se fermer et lui dis :

– Fabrice vient d'avoir un accident.

J'étais incapable d'en dire plus. Avant que Josiane ait prononcé un mot je relançai le message. Combien de fois l'avons-nous écouté, persuadés que nous avions mal compris, qu'un mot nous avait échappé : quatre fois, cinq fois ? Figés, nous nous sommes regardés de longues minutes sans nous voir, tétanisés, paralysés. Puis nous nous sommes accrochés désespérément à un mot comme à une bouée : Christophe avait bien dit : « *Je crois* » qu'il est mort.

« *Je crois* ». Cela signifiait qu'il n'en était pas certain. Mais, par cette formule, Christophe cherchait peut-être aussi à nous cacher la vérité, à nous ménager, nous préparer progressivement au pire. Le spectre de la mort apparut, irréel, oppressant.

À quelques mètres de nous, Jean-Michel et Lydia, sa femme, n'osaient prononcer un mot, ne savaient quelle attitude adopter. C'est notre ami qui nous sortit pourtant de notre léthargie :

– Il doit être deux heures du matin à Paris, il faut appeler Christophe.

Il ne dormait pas. Il attendait notre appel afin de nous détailler sa visite à l'hôpital. Il nous raconta d'une voix brisée :

– Fabrice est inconscient. Sa tête est énorme, entourée de bandes. Un médecin m'a dit que le crâne avait éclaté. Je n'ai pas pu en savoir plus, mais il est très pessimiste sur les chances de survie de Fabrice.

Immédiatement, je me raccrochai à ce détail :

– Mais il est encore vivant ?

Christophe hésita :

– Oui… Je crois… Je n'en suis pas sûr. Même le médecin réanimateur semble en douter. Il m'a dit que s'il s'en sortait cela tiendrait du miracle.

– Mais que lui est-il arrivé ?

– Un accident. Il a été écrasé dans sa voiture par un camion. J'ai rendez-vous demain matin avec les CRS qui ont rédigé le constat.

Nous étions le 21 août 2001. Notre vie venait de basculer. Rien ne serait plus jamais comme avant. Choqués, sonnés, nous n'avions pas conscience de l'enfer qui s'ouvrait devant nous.

Impossible de dormir. Hébétés, assommés, Josiane et moi sommes restés éveillés toute la nuit, regardant sans cesse nos montres, attendant l'aube pour avoir d'autres nouvelles et embarquer dans le premier avion pour Paris.

Durant ces interminables heures d'attente, la vie de Fabrice défilait dans ma tête. Inconsciemment, je me résignais à sa mort et mon cerveau vidait le disque dur de son existence pour ne m'en proposer qu'un concentré soigneusement sélectionné. Seuls les bons moments me revenaient à l'esprit. Dans un demi-sommeil, j'élaborais déjà le culte de l'enfant disparu, choisissant les plus belles heures pour programmer son souvenir.

Le lendemain, dans l'avion qui nous ramenait vers la France, la probabilité de la mort s'estompait quelque peu et j'envisageais la seconde hypothèse : la vie. Et là, de nouveau, les pires craintes m'assaillaient : quelle vie ? D'après ce que Christophe m'avait décrit, il fallait craindre le pire. La mort s'effaçait, laissant apparaître un fauteuil roulant derrière elle. Je refusais cette évidence. Je n'étais pas armé pour faire face à une telle situation. Ni ma femme ni moi n'y étions préparés.

Nous étions faits pour être heureux, intouchables, invulnérables, bien calés dans une vie sereine et confortable que rien ne pouvait déranger. Élevés à l'abri de tout souci dans notre maison du Plessis-Trévise, en banlieue parisienne, nos enfants volaient maintenant de leurs propres ailes. Christophe se passionnait pour ses 4x4 sur M6 et Fabrice s'investissait totalement dans un secteur commercial. Il gérait une poissonnerie de gros à Rungis. Il était marié à une jeune institutrice, Claire, et tous deux nous avaient offert un adorable petit-fils, Nathan, et cette petite famille croquait la vie à pleines dents en élaborant les projets les plus fous. Le malheur était inconcevable, improbable, et voilà pourtant que, brusquement, il nous frappait, nous submergeait, nous détruisait.

Je pensai alors à ce motard de la gendarmerie, rencontré un jour, à Rennes, lors d'un reportage, et qui m'avait confié : « Il n'y a qu'une chose que je déteste dans mon métier, qui me rend réellement malade : c'est d'aller annoncer à des parents que leur enfant vient de mourir dans un accident de voiture. En une seconde tout s'écroule autour d'eux et je sais qu'ils vont dire et répéter : "C'est pas possible, c'est pas possible." Quels que soient leur condition sociale, leur âge, ils ne sont évidemment pas prêts à un tel choc. Leur enfant, ils l'ont vu en pleine forme quelques heures avant, pétant de santé, rigolant… Alors bien sûr, "c'est pas possible". Mais moi j'ai vu le corps. J'ai à chaque fois envie de fuir, je pense à mes enfants, c'est horrible, vous ne pouvez pas imaginer… »

À l'époque, j'avais tenté d'imaginer la scène, mais il y a des domaines de la vie où les mots n'arrivent pas à cadrer la réalité. Cette anecdote me revenait en mémoire. Cette fois, j'en mesurais tout le poids.

À l'aéroport de Roissy, Christophe nous attendait comme convenu, en compagnie de Claire, l'épouse de Fabrice. Tous deux avaient les traits tirés, le visage défait, les yeux rougis. Un seul but : l'hôpital du Kremlin-Bicêtre.

Dans la voiture, Christophe nous précisa les circonstances de l'accident telles que les enquêteurs les lui avaient décrites.

Il était 14 h 30. Fabrice regagnait son domicile de Pontault-Combault après avoir terminé son travail à Rungis. Il était arrêté derrière un camion, sur l'autoroute A4, à hauteur de Champs-sur-Marne, dans la Seine-et-Marne, lorsqu'un autre poids lourd a violemment percuté sa voiture, la projetant et la compressant sur l'arrière du quinze tonnes à l'arrêt, qui ne possédait pas de barres anti-encastrement. Le choc a dû être terrible. La tête de Fabrice a été prise comme dans un casse-noix entre les pare-chocs des deux mastodontes. La boîte crânienne a explosé sur le côté droit ce qui, paradoxalement, lui a sauvé la vie. L'ouverture de la boîte crânienne a évité la compression brutale du cerveau qui aurait entraîné une mort immédiate en engageant les méninges dans le tronc cérébral.

J'écoutais ce récit sans bien en réaliser l'horreur, sans évaluer l'ampleur des lésions. J'avais tellement pensé à la mort que savoir Fabrice en vie me suffisait. La fatigue et le choc émotionnel amoindrissaient mon raisonnement. La réalité m'apparaissait à travers un prisme déformant.

C'est en arrivant à l'hôpital que j'ai commencé à prendre conscience de la situation et à mesurer le désarroi des familles confrontées aux mêmes drames que nous.

Après quelques hésitations, Christophe avait retrouvé sans trop de mal le service de « réa », vaguement indiqué par quelques panneaux. Un vrai labyrinthe fait de couloirs, de portes vitrées, de numéros, mais personne pour nous accueillir, ni même nous renseigner. Nous sommes fatigués, choqués. Notre fils est peut-être en train de mourir derrière l'une de ces portes grises et nous, nous sommes là à quémander notre chemin comme des touristes égarés.

Une infirmière nous mène enfin au bon endroit : le service de réanimation. Il faut sonner, appeler pour que quelqu'un vienne ouvrir. Les quelques secondes d'attente paraissent anormalement longues. Puis nous pénétrons dans le service sur la pointe des pieds. Nous souhaitons nous rendre immédiatement au chevet de Fabrice, mais les visiteurs ne sont admis qu'au compte-gouttes en salle de réa et une infirmière aux allures de cerbère nous fait sèchement remarquer :

– Il y a déjà trop de monde, il faut attendre.

Pas le moindre signe d'humanité, pas un geste de compassion, l'ordre cingle comme un coup de trique ; exécution immédiate. J'ai l'impression que l'on va bientôt me demander de prendre un ticket, comme à la Sécu, et qu'une voix stridente percera brusquement le silence :

– Le vingt-sept ? Vous pouvez entrer. Vous disposez de dix minutes…

Le chagrin est trop fort, je ne proteste pas, je me tasse dans un coin de la minuscule salle d'attente. D'autres familles attendent, elles aussi, leur tour, recroquevillées sur des chaises. Je les observe.

Les visages sont tristes, les yeux sont humides. Totalement abandonnés, ignorés, ces gens semblent perdus, accablés. On est loin des cellules d'aide psychologique que l'on met aujourd'hui en place à grand renfort d'information après chaque accident quelque peu médiatique. Ici, rien de tout cela. Chacun doit gérer sa détresse comme il le peut. Pas une aide, pas un mot de réconfort, pas le moindre soutien moral, aucun accompagnement alors que beaucoup de ceux qui sont là se trouvent brutalement confrontés à la mort ou s'agrippent désespérément à un souffle de vie. Quelques jours plus tard j'aborderai ce problème avec une infirmière qui me répondra textuellement :

– Vous croyez qu'on n'a que ça à faire...

Et le pire, c'était que dans toute sa sécheresse, l'explication était valable. C'était même la seule recevable. Les longs moments que j'allais passer à l'hôpital auprès de Fabrice me prouveraient que le personnel soignant écrasé de travail, confronté à de lourdes responsabilités ne peut se détourner un seul instant de ses tâches essentielles. Comme toujours, ce sont les structures, l'organisation, qui sont en cause et non les personnes.

Pour l'heure, je suis encore loin de ces constats. Assis sur le bout de ma chaise, j'attends avec inquiétude que l'on nous autorise à voir notre fils. Je ne songe même pas à me révolter contre l'attente que l'on nous impose. Le système m'avale, me broie, et je mesure déjà mon impuissance à le combattre. Chacun son tour, et pas plus de deux personnes à la fois, nous a-t-on dit, je ne peux tout de même pas forcer la porte.

Lorsque celle-ci s'ouvre enfin, Josiane et moi pénétrons dans l'unité de réanimation. Lavage des mains, blouse blanche obligatoire, bonnet, et masque si l'on est enrhumé, c'est le lot normal de tout visiteur.

Nous découvrons une grande salle avec des boxes. Dans chacun d'eux, une ou deux rangées de quatre lits lourdement appareillés. Une usine où on lutte pour la vie. Au fond du premier parc : Fabrice.

Sa tête est enturbannée, enveloppée de bandages. Elle est énorme, monstrueuse. L'œil droit est tuméfié. Perfusions, trachéotomie pour l'aider à respirer. À côté de sa tête, un moniteur sur lequel s'affiche le rytlme cardiaque. Il vit ! C'est le seul signe que la vie est toujours là. L'émotion est trop forte, nous ne pouvons pas retenir nos larmes contenues depuis si longtemps.

Nous n'osons pas toucher Fabrice, lui prendre la main.

Nous entend-il, nous perçoit-il ? Nous n'en savons rien. Personne, d'ailleurs, ne peut le dire, car personne ne sait. Alors nous lui parlons : quelques mots maladroits, chargés d'amour, en espérant qu'il les reçoit, qu'ils vont lui donner la force et le courage de se battre.

Le temps qui nous a été imparti pour cette visite est compté. Il faut céder la place à Claire et Christophe. Avant de sortir, je balaie la pièce du regard : trois autres lits sont occupés. Rien ne bouge. Là aussi on lutte contre la mort.

Nous demandons à voir un médecin. Aucun n'est disponible. Demain ! Demain, on y verra peut-être plus clair. Tout juste peut-on arracher ce commentaire au personnel :

– Son état est grave. Il est dans le coma. Il faut attendre !

Malgré tous ses efforts, Claire, bouleversée n'en saura pas plus lorsqu'elle découvrira à son tour son mari, quelques minutes après nous, et posera les mêmes questions. En quittant la chambre, elle est abattue.

Je ressens une immense lassitude. À peine rentré à la maison, décalage horaire aidant, je sombre dans le sommeil.

Nous retournons à l'hôpital le lendemain. Les visites sont autorisées à midi et le soir durant une heure, ce qui est normal. Reposés, l'esprit plus clair, nous sommes déterminés à obtenir des réponses à nos interrogations.

Le médecin réanimateur de permanence dans le service nous reçoit et ne nous cache pas son pessimisme. Mais tout pronostic est impossible.

– De toute façon, nous dit-il sans grand ménagement, s'il s'en sort, attendez-vous à un coma végétatif !

Pour nous, profanes, ces mots n'avaient aucune signification. Coma, oui ! Mais végétatif ? Voulait-il dire que Fabrice resterait cloué dans son lit comme un légume ? Pas de réponse sur ce point.

Et ce que le médecin ne dit pas non plus, et que nous apprendrons incidemment bien plus tard, c'est qu'à son arrivée à l'hôpital, Fabrice avait tout d'abord été laissé pour mort pendant de longues heures. C'est un médecin réanimateur qui, en effectuant par conscience professionnelle un contrôle de routine, le lendemain matin, avait constaté qu'il était encore sensible à la douleur et donc vivant.

Immédiatement il avait sonné le branle-bas de combat et Fabrice avait été transporté en toute hâte en salle d'opération, service de neurochirurgie.

Qui saura jamais nous dire si cette perte de temps de vingt-quatre heures n'a pas occasionné des dégâts irréversibles ? Après un tel accident, chaque minute, chaque seconde compte, c'est une véritable course contre la mort qui s'engage.

Elle a débuté sur l'autoroute lorsque les pompiers et une admirable femme médecin du Samu ont maintenu Fabrice en vie le temps de le sortir des tôles broyées. Elle a continué avec l'hélicoptère qui l'a transporté au Kremlin-Bicêtre. Mais le crâne éclaté, le côté droit du visage écrasé, ce cerveau noyé dans le sang ne lui laissaient guère de chance.

Seule sa robuste constitution lui a permis de forcer le destin et, sans la vigilance d'un médecin, notre fils ne serait plus. En revanche, il faut dire à la décharge du corps médical que, à partir du moment où Fabrice est entré dans le bloc opératoire, le chirurgien a fait des miracles. Le problème, et il est de taille, est que nous ne l'avons jamais rencontré…

Nos seuls interlocuteurs : un médecin réanimateur ou le chef de service. Ils nous expliquent ainsi que l'œil droit a pu être replacé dans son orbite sans trop de problème mais que la suite a été une tout autre affaire. La boîte crânienne et les os de la face avaient explosé en une myriade de petits bouts d'os qu'il a fallu regrouper afin de nettoyer les plaies, puis rassembler tel un puzzle. Nos interlocuteurs ont ce mot terrible :

– Nous avons ravaudé…

Cela dit, c'est bien le seul terme que je comprenne car ensuite le médecin-chef se lance dans un jargon professionnel lorsqu'il s'agit de décrire l'état comateux et les atteintes à la matière cérébrale.

Je lui demande quelques explications, après tout, c'est mon métier et mon droit, mais je renonce devant son incompréhension. Je souhaitais des réponses claires à des questions simples et j'ai la désagréable impression que, pour mon interlocuteur, ce n'est pas la préoccupation majeure.

Aujourd'hui encore, je reste perplexe face à ce comportement. Je l'ai retrouvé chez certains médecins. Est-ce délibéré ? Ou est-ce un déficit chronique de communication ? Peut-être conviendrait-il de placer dans les hôpitaux des médecins informateurs qui auraient, entre autres, pour tâche de servir d'intermédiaire auprès des familles. Certains y pensent.

Pour l'instant, j'enrage d'être exclu d'un discours technique, je fais du mieux que je peux pour en saisir la portée, pour être le traducteur auprès des miens, mais un sentiment d'impuissance m'envahit. Je contemple mon fils, inerte. Je ne peux rien pour lui. Je dois m'en remettre à ceux qui le soignent. Ingénieur de formation, prof de math dans un lycée avant de me diriger vers le journalisme scientifique, d'abord dans la presse écrite puis à TF1, je ne suis pas un habitué du monde médical, je découvre l'univers de l'hôpital, qui m'était totalement étranger.

Je voudrais prendre les choses en main, participer, conseiller, ordonner, et je suis cantonné dans un rôle de témoin passif, condamné à attendre en silence l'information que l'on voudra bien me livrer.

Après le passage du médecin, j'ai cependant compris que, placé en situation de survie, le cerveau de Fabrice s'était autosauvegardé, qu'il s'était mis en sécurité, renonçant à toutes ses fonctions annexes pour se consacrer uniquement à sa protection et à son alimentation en sucre et en oxygène. Terriblement diminué, le cerveau rassemble toute son énergie et la concentre uniquement pour se maintenir en veille. Il ne peut en faire plus. Moyennant quoi tous les autres organes, sans exception, doivent être assistés artificiellement, ce qui explique cet entrelacs de tuyaux et de tubes suspendus au-dessus du lit.

La respiration, les fonctions digestives, urinaires, entre autres, ne sont plus assurées. Qui plus est, le cerveau n'assume plus la régulation des températures. Aussi, en fonction des relevés réguliers, les infirmières plaçaient Fabrice, tantôt sous une sorte de tunnel chauffant lorsqu'il avait froid, tantôt dans une housse réfrigérée lorsqu'il avait chaud.

En un mot, seul le cœur continuait à fonctionner sans intervention extérieure. Tout le reste était pris en charge par la technologie. Avec le recul, on ne peut qu'être émerveillé devant une telle efficacité. Mais cette lutte de tous les instants contre la mort impose une vigilance permanente de la part des équipes soignantes.

Une personne restée trop longtemps couchée dans la même position s'expose à des risques d'escarres. Conscients de ce problème, à chaque visite, Claire, Christophe, Josiane et moi-même massions les talons et les fesses de Fabrice, afin de décompresser les chairs et rétablir une circulation sanguine normale. Il fallait aussi prendre garde aux risques d'infection des voies urinaires dus à l'irritation provoquée par la sonde. Bref, l'état de Fabrice exigeait un suivi permanent qui était assuré par un personnel dévoué, courageux, aux nerfs d'acier.

Quelquefois, une alarme se déclenchait dans la chambre, signalant le dysfonctionnement d'une assistance ou un grave problème. Aussitôt, c'était le branle-bas de combat. Je voyais les infirmières accourir pour évaluer la situation d'un coup d'œil et y remettre bon ordre.

Comment peut-on veiller ainsi à longueur d'année sur des moribonds sans craquer ? L'ambiance dans un hôpital n'est jamais exaltante mais le service de réanimation est certainement l'un des plus éprouvants.

Dans le lit le plus proche de celui de Fabrice, un tout jeune garçon, victime d'un accident de moto, luttait, lui aussi, contre la mort. S'il s'en sortait, il serait condamné à vie au fauteuil roulant, après un long séjour en rééducation.

À côté de Fabrice, une jeune fille, sans connaissance, demeurait également sous assistance. Elle avait tenté de se suicider, en se jetant sous le métro.

Les médecins avaient réussi à la maintenir en vie et je m'interrogeais sur sa réaction le jour où elle sortirait du coma dans lequel elle était toujours plongée : leur en serait-elle reconnaissante ou, au contraire, les maudirait-elle d'avoir contrarié son désir d'en finir ? Cette question me préoccupait d'autant plus que je commençais à imaginer quel serait son avenir avec de graves séquelles. Une vie normale lui sera interdite. Elle ne vivra plus jamais comme tout le monde. Et tout cela pour quoi ?...

Seule lueur dans cette sinistre chambre : un patient alité qui se relevait d'une lourde opération et se remettait de l'anesthésie. Je me surprenais à une réelle sympathie pour cet homme que je ne connaissais pas. Chaque jour, je m'enquérais de l'évolution de son état. Je pense que les progrès que je constatais chez lui me donnaient espoir pour Fabrice.

Ma femme et moi avions bien besoin de ce ballon d'oxygène car les jours passaient et la situation de notre fils n'évoluait pas. À chaque visite nous le trouvions toujours parfaitement immobile, les yeux clos. Dès que j'avais poussé la porte de la chambre, tenaillé par la peur, je regardais l'écran où s'affichaient les battements de son cœur et sa température, avec l'horrible angoisse de découvrir une ligne plane, morte. Sitôt que j'apercevais les pics, le va-et-vient du spot lumineux, ma tension baissait d'un coup : il vit ! et je ne pouvais détacher mes yeux de ce métronome électronique.

Du côté de la médecine, nous ne parvenions toujours pas à obtenir les renseignements que nous souhaitions. Malgré mes multiples demandes, je n'avais pas accès au dossier médical de mon fils alors que sa communication est légale et obligatoire.

Impossible de connaître l'étendue des dégâts. Quelles zones de son cerveau ont été touchées ? Mon seul interlocuteur est le médecin réanimateur, car Fabrice dépend toujours de son service et non du service de neurologie. Il est vrai que pour passer de l'un à l'autre, il faut changer de bâtiment. Quelle inertie…

Je découvrais avec stupeur cet incroyable cloisonnement entre services qu'un peu de bon sens et d'humanité permettrait d'éviter. Car soigner un accidenté de la route, et surtout un traumatisé crânien, fait appel à de multiples disciplines, chacun le sait.

C'est ainsi que, chaque fois que nous demandions un avis sur l'évolution possible du cas de Fabrice, sur les séquelles éventuelles, le médecin référent me faisait comprendre qu'il était réanimateur, et que sa fonction était la réanimation, un point c'est tout. Tant que Fabrice ne serait pas sorti du coma, son job n'était pas terminé. Il ne partageait pas son patient avec d'autres. Après, s'il gagnait la partie, s'il sauvait Fabrice, il passerait le relais au rééducateur. Mais, pour l'heure, mon fils était en réa et la réa, c'est la réa. Dans ces conditions, je ne pouvais rien savoir.

Cette incertitude était pesante, ma femme et moi n'osions même plus décrocher le téléphone lorsqu'il sonnait, craignant à tout moment l'annonce de la mort de Fabrice puisque les médecins refusaient toujours de se prononcer, et qu'aucun signe d'amélioration ne se manifestait. État stationnaire. C'était le leitmotiv. On serait tenté de dire : « Circulez, y a rien à voir !... »

Seul réconfort : notre vie familiale. Jusqu'alors nos relations avec les parents de Claire étaient courtoises, mais épisodiques. Uniquement réglées par les fêtes. Ce drame nous a brusquement rapprochés. Fabrice était le mari de leur fille ; notre douleur était la leur.

Après nos visites à l'hôpital, il n'était pas rare que nous improvisions un rapide dîner chez les uns ou chez les autres. C'était l'occasion d'évoquer les problèmes qui se posaient et d'y trouver des remèdes afin de soulager Claire au maximum. Nous nous répartissions les tâches et faisions bloc autour d'elle.

Institutrice, Claire avait obtenu un congé exceptionnel de trois mois, incapable qu'elle était de se concentrer sur son travail.

Nathan, son fils, notre petit-fils, n'avait alors qu'un an. Pour ce petit bambin, la disparition du père était un véritable traumatisme. « Où il est papa ? » répétait-il à longueur de journée. Comment expliquer à ce petit bonhomme que son père luttait entre la vie et la mort sur un lit d'hôpital ? Dans quel état allait-il nous revenir s'il sortait de son coma ? Ne risquait-il pas de rester dans un coma végétatif, retenu dans le monde des vivants par son assistance technique ?

Cette interrogation permanente était insupportable. Nous savions tous qu'un tout petit fil reliait encore Fabrice à la vie, qu'il pouvait se rompre à tout moment, et nous devions nous cramponner, jour et nuit, à ce lien si ténu en espérant un mieux qui ne venait pas.

Un soir, alors que nous le pressions une nouvelle fois de questions, un médecin nous asséna en hochant la tête devant notre Fabrice toujours vivant mais désespérément absent :

– Nous ne maîtrisons pas bien le mécanisme du coma. Il n'y a pas d'évolution type. Pour certains accidentés, il peut durer deux jours. Pour d'autres deux mois, deux ans… Une seule chose est certaine : plus le coma est long et plus les dégâts dans le cerveau sont irréversibles.

En regagnant notre domicile, nous étions effondrés. Claire était avec nous et, ce soir là, pour la première fois, unis dans notre détresse, nous nous sommes interrogés ouvertement sur l'opportunité de cet acharnement à le maintenir en vie que nous infligions à Fabrice. Chacun y avait déjà plus ou moins songé secrètement mais la phrase du médecin précipitait notre réflexion. C'est un moment terrible car nous disposions brusquement, non seulement de la vie ou de la mort d'autrui mais, qui plus est, de l'être que nous aimions peut-être le plus au monde, un fils pour les uns, un mari, le père de son enfant, pour l'autre. Nous évoquions le sujet avec une infinie gravité et Claire se souvenait qu'à plusieurs reprises Fabrice lui avait dit en croisant des handicapés paralysés, amorphes, poussés dans leurs fauteuils roulants : « Si je devais être comme cela un jour, je préférerais mourir. »

Qui n'a dit cela un jour, solide et bien portant, devant la même scène ? Mais, l'accident survenu, qu'advient-il de ce vœu ? Tant que le cerveau fonctionne, ne trouvera-t-il pas un sens à la vie ?

Comment répondre à cette question à la place de la personne concernée ? Comment ne pas culpabiliser devant ce choix qui pourrait soulager bien moins le handicapé que ses proches ?

Ce soir-là, nous avons osé aborder le problème, ce qui nous a peut-être aidés les uns et les autres à l'évacuer. Mais nous n'avons pas apporté de réponse. Je crois que si nous en avions eu le choix aucun de nous ne se serait résolu à choisir la mort pour Fabrice, même si cette solution nous avait paru la plus raisonnable, la plus charitable, la plus humaine. Évoquer la mort est une chose. L'accepter peut-être… La donner ?

Nous en sommes là lorsque, le 10 septembre, comme tous les jours, ma femme se rend à midi au chevet de Fabrice, tire une chaise, s'installe près du lit et lui parle à voix basse. Elle lui murmure son prénom à l'oreille, encore et encore, histoire de stimuler son cerveau. Inlassablement, elle égrène les mots lorsqu'il lui semble que Fabrice bouge légèrement la main droite. Elle n'ose y croire, met cela sur le compte de la fatigue, de ses nerfs mis à rude épreuve, mais elle ne peut cependant s'empêcher de redoubler d'attention. Quelques minutes plus tard, cette fois elle en a la certitude : Fabrice bouge la main, de façon presque imperceptible, mais il la bouge. Josiane me racontera plus tard qu'à ce moment-là une immense émotion l'avait envahie, qu'une vague de bonheur l'avait submergée. Elle avait eu envie de crier, d'appeler mais n'en avait rien fait, et avait parlé de plus belle à son fils de peur qu'il ne lui échappe à nouveau. Elle l'avait couvert de « titi d'amour chéri », l'avait câliné, et le bout du pied droit avait alors bougé légèrement avant que l'œil droit s'entrouvre à son tour. Josiane ne pouvait plus douter, la vie reprenait ses droits. Elle avait alors averti l'infirmière qui, elle aussi, avait constaté quelques signes encourageants et alerté le médecin.

En ce 10 septembre, pour la première fois depuis l'accident nous avons passé une soirée heureuse. Notre garçon avait donné un signe de vie, et cela faisait notre bonheur.

Deux jours plus tard, il fallait déchanter. Un médecin nous confirmait que l'évolution allait dans le bon sens mais que Fabrice était encore bien loin d'être tiré d'affaire. Pour lui, il était toujours dans le coma et, s'il s'en sortait, il pourrait rester dans un coma végétatif. C'est-à-dire que nous allions peut-être le voir bouger mais que nous ne pourrions pas communiquer avec lui.

C'était une douche glacée qui me tombait sur le dos. Je n'oublierai jamais ces propos qui me rejetaient au plus profond du malheur. En un coup de scalpel ce médecin m'amputait d'un espoir fou. Décidément, la communication, le soutien psychologique comme on dit, n'est pas encore dans les mœurs à Bicêtre.

Heureusement, pendant le week-end suivant, de nouveaux signes encourageants sont apparus : Fabrice parvenait à bouger la tête.

À compter de ce jour, Josiane s'est mise à noter scrupuleusement sur un agenda tous les progrès enregistrés et toutes les rechutes.

Le 24 septembre nous rencontrons enfin un neurologue qui parle, lui, d'un coma « intervégétatif », nous informant d'une « réponse adaptée du côté droit », ce qui ne nous dit pas grand-chose mais nous paraît positif. Cependant le médecin nous met immédiatement en garde contre tout excès d'optimisme en nous prévenant qu'à chaque instant l'état de Fabrice peut à nouveau s'aggraver, et qu'un dysfonctionnement cérébral est possible. Prudence avant tout… Bref, la partie n'était pas gagnée. Fabrice restait dans une situation très précaire. Mais pour nous une étape importante venait d'être franchie. Nous regrimpions la pente vers la lumière, vers la vie.

Quelques jours plus tard, un coup de massue nous assommait. L'état de Fabrice empirait brusquement. Une infection urinaire entraînait une forte fièvre et l'inquiétude gagnait à nouveau. Dans sa situation, les complications pouvaient avoir des conséquences extrêmement graves. Notre moral retombait au plus bas et les propos du neurologue nous taraudaient l'esprit. Comment Fabrice allait-il supporter cette nouvelle épreuve ?

En arrivant à son chevet, nous énoncions alors une sinistre check-list pour contrôler l'évolution ou la régression du mal : est-ce qu'il bouge la main ? OK. La jambe ? OK. Est-ce qu'il ouvre l'œil ? OK. Est-ce qu'il entend ? Pas sûr…

Ce fastidieux protocole avait le mérite de nous rassurer et nous a aidés à passer ce cap difficile. Au bout de quelques jours, la fièvre est retombée et Fabrice a donné des signes de vie évidents.

Les médecins nous ont alors demandé de lui parler le plus possible à l'oreille, et même de lui faire écouter en permanence des voix, des bruits, ou des sons familiers, enregistrés, pour tenter de faire réagir son cerveau.

Claire a fabriqué une bande son faite de nos messages d'amour, de gazouillis de son fils, de chants d'oiseaux, d'eau qui s'écoule. Afin de lui rappeler son travail, lié à la mer, je me suis procuré des enregistrements de bruits de vagues, de cris de mouettes. Je me suis même rendu à la halle aux poissons de Rungis afin d'y recueillir les échos coutumiers de la criée auxquels il était habitué.

Mais, à part cette recherche de stimulations, nous ne savions toujours rien de l'état exact de Fabrice.

Devant le mutisme du corps médical et toujours dans l'impossibilité d'accéder au moindre élément du dossier médical, je prends le mors aux dents. Le contact est pris avec la direction de la communication du ministère de la Santé et, de fil en aiguille, avec le directeur de l'hôpital du Kremlin-Bicêtre, Alain Mainville. Un homme charmant. Nous nous sommes déjà rencontrés lorsqu'il dirigeait le cabinet de Bernard Kouchner, alors ministre de la Santé. Il ne comprend pas ce qui se passe : « Il fallait m'alerter tout de suite ! Le dossier médical ? Mais bien sûr ! Pas de problème, je vais appeler le chef du service de neurochirurgie. Comment ! Vous n'avez pas encore eu de bilan ?… »

Comme par enchantement, toutes les difficultés s'aplanissent. Mais un mois s'est quasiment écoulé depuis l'accident. Un mois de coma profond. Un mois pour obtenir enfin un bilan.

Le 27 septembre d'importants progrès avaient été notés. Fabrice tournait plusieurs fois la tête, il se grattait, preuve qu'il était autonome, et ma femme avait l'impression qu'il la cherchait du regard. On lui avait également ôté sa sonde urinaire.

Le lendemain notre fils bougeait beaucoup, il semblait s'énerver, tapait du poing, et cette mauvaise humeur apparente nous réjouissait au plus haut point. Elle témoignait de sa vitalité retrouvée. Cependant, nous ignorions toujours si Fabrice nous entendait, s'il ressentait notre présence, et les médecins restaient très évasifs sur ce sujet. Pour eux, il était impossible de le savoir.

Le 30 septembre Josiane pensait pourtant avoir une réponse. Elle avait le sentiment d'avoir capté l'attention de Fabrice en lui faisant entendre la voix de Nathan. Elle m'assurait que notre fils lui avait alors serré la main très fort jusqu'à la fin de l'enregistrement. Il avait également bougé les lèvres, tiré la langue, et nous y voyions, bien sûr, le désir de parler, de communiquer, alors que les médecins continuaient à modérer notre enthousiasme en nous assurant que, selon leurs critères, Fabrice n'était toujours pas réveillé, loin de là. Ils n'étaient pas en mesure de déterminer s'il se trouvait en coma naturel ou artificiel car aucun signe tangible ne marque le passage de l'un à l'autre. Pour nous il paraissait évident que Fabrice était conscient, mais les médecins nous certifiaient que ce que nous prenions pour des signes d'éveil pouvait n'être que des phénomènes purement mécaniques et que ceux-ci n'auguraient en rien d'un réveil définitif. En un mot, il est quasi impossible de déterminer le moment où l'on sort du coma.

C'était pourtant difficile à admettre tant le retour à la vie paraissait évident. Les infirmières du service partageaient d'ailleurs notre optimisme, que les médecins tempéraient, en nous confiant : « Nous avons l'impression qu'il est enfermé dans une boîte, qu'il cherche à en sortir mais n'y parvient pas. »

C'est exactement ce que nous ressentions. Nous étions les témoins passifs de son combat contre la mort, contre la souffrance et nous ne pouvions lui venir en aide. Une trachéotomie lui permettait de respirer et il était alimenté par une sonde nasale.

Comme il ne pouvait tousser, pour éliminer les glaires naturelles qui s'accumulaient dans le fond des bronches, il fallait procéder à une aspiration à l'aide d'un tuyau introduit dans une canule fixée sur la trachée. Intervention classique et indispensable sur tout patient intubé, mais qui choque les profanes que nous sommes. Cette intervention faisait beaucoup souffrir Fabrice. Bien que placé sous curare, un puissant anesthésiant, il faisait à chaque fois des bonds sur son lit, le corps agité de brusques convulsions. Cette scène était insoutenable.

Cette trachéotomie représentait aussi, pour nous, un obstacle majeur à ce que nous attendions avec impatience : le retour à la parole. Tant qu'il serait intubé, nous savions que Fabrice ne pourrait pas parler, même s'il en avait la volonté. Il fallait attendre le moment où il pourrait tousser par lui-même pour permettre les expectorations. Le système serait alors allégé. Il ne resterait qu'une simple canule permettant l'arrivée de l'air dans les poumons. Un progrès considérable pour le patient mais qui ne permettrait toujours pas à notre fils de parler.

Des canules phoniques existent, mais la kinésithérapeute nous avait prévenus que l'hôpital n'en possédait pas ! Incroyable, mais vrai !

Quelques jours plus tard, le 6 octobre, sitôt entrés dans la chambre, nous remarquions que les infirmières avaient changé Fabrice de position. Il n'était plus totalement allongé sur son lit. Deux gros oreillers lui surélevaient le buste. Sa tête restait immobile mais son regard s'attachait aux bruits ambiants et au son de nos paroles. Une fois encore la même interrogation nous hantait : nous comprend-il ?

Enfin nous allions obtenir une réponse.

Ce jour-là, autour du lit de Fabrice, Josiane, sa mère, et Goran, un ami. Ce dernier se penche vers l'oreille de Fabrice et lui murmure une phrase familière : « Tu fais un bisou à ta maman ? »

Et d'un seul coup, le cours des choses bascule. Fabrice tord les lèvres, esquisse un baiser. Josiane se précipite vers le lit, tend sa joue. Un baiser. Un vrai.

Celui tant attendu, le geste le plus simple d'un enfant vers sa mère. Il l'a fait. Il entend. Il comprend. Il commande des actes volontaires. Ça y est ! Fabrice est sauvé. Josiane et Goran sont en pleurs. De joie.

Un médecin reconnaît, enfin, que la phase de réveil est amorcée.

Le soir, réunis autour de la table familiale, sans nous cacher les difficultés à venir, nous pensions que le pire était derrière nous. Ce tout petit baiser venait à point nommé nous remonter le moral, il restaurait nos forces vacillantes. Aussi Christophe décida-t-il de franchir une nouvelle étape.

Le 8 octobre il remit un carnet et un crayon à Fabrice, lui demandant s'il se souvenait de l'accident. D'une main hésitante celui-ci traça « Non » en lettres malhabiles.

Ce trou noir, assez courant après de tels chocs ne nous inquiétait pas trop. Nous retenions surtout le point positif de l'expérience : par le jeu de l'écriture, un dialogue était rétabli avec Fabrice, un lien nous unissait à nouveau à lui.

Cette bonne nouvelle nous incitait à l'interroger sur ses douleurs, ses désirs. Nous voulions tout savoir, connaître toutes ses attentes pour, enfin, le soulager, l'aider, être utile, lui témoigner notre affection, l'assurer de notre présence.

Un médecin vint mettre un terme à notre empressement en nous conseillant de ne pas trop solliciter son cerveau encore convalescent. Engourdi, affaibli, il devait se remettre en marche progressivement.

Alors que nous nous apprêtions à quitter la chambre, le docteur nous annonça :

– Demain vous verrez certainement votre fils assis !…

Mais il nous mit aussitôt en garde contre ce que nous allions interpréter, à coup sûr, comme une bonne nouvelle en précisant gravement :

– Attention, ce sera très dur.

Chapitre 2

Plus dur sera l'éveil

Le choc est terrible, un coup de poing en pleine face.

Lorsque nous pénétrons dans sa chambre, Fabrice est assis dans un fauteuil, près de son lit. Il est attaché par une large ceinture, les bras ballants, la tête dodelinant sur la poitrine. J'ai l'impression qu'on l'a déposé là comme un barda devenu trop lourd à porter. Il fait pitié. Une nausée m'envahit. Je dois faire un violent effort pour surmonter mon malaise et m'approcher de lui. Josiane, elle aussi, est bouleversée. Le neurologue nous avait prévenus, mais nous n'avions pas bien saisi la portée de son avertissement. Nous ne comprenions pas en quoi voir notre fils enfin assis pourrait être dur. Mais, brusquement, c'est toute sa déchéance qui nous est révélée. La scène est en effet difficilement supportable.

Après cet uppercut, je reprends mon souffle, m'efforçant de dédramatiser la situation, de me dire que c'est un pas de plus vers la vie, que le plus dur est passé. En fait, nous étions loin, très loin de la dure réalité du handicap.

Au bout de quelques minutes, je remarque que le nez de Fabrice coule. Je l'essuie, machinalement, mais quelques instants plus tard, des gouttes perlent à nouveau et bientôt le devant de sa chemise est trempé. Immédiatement, nous pensons au rhume. Les infirmières me rassurent : pas de fièvre, pas de trace d'infection, donc pas de quoi m'inquiéter…

Je n'en suis pas si convaincu et leur demande de mentionner l'anomalie aux médecins. Visiblement, ma démarche les irrite et je ne suis pas du tout certain qu'elles transmettront le message. Mais que faire ?

De son côté, Josiane est préoccupée par les yeux de Fabrice. Elle a le sentiment qu'il ne voit pas, alors que lui nous assure qu'il « voit le bout de ses pieds ».

Lors d'une précédente visite, ma femme avait déjà procédé à un test en demandant à Fabrice d'écrire sur son carnet la couleur de son chandail ainsi que de celui de Claire. Fabrice ne s'était pas trompé. Hasard ? Chance ? Souvenir ? Josiane voulait en avoir le cœur net.

Le lendemain, accompagné de Christophe, j'apporte un appareil photo et je propose à Fabrice de poser avec son frère.

Par deux fois, il prend l'éclair du flash en plein visage. Et par deux fois il me demande si la photo est prise… Fabrice ne voit pas !

Personne ne l'a remarqué, ne s'en est soucié, alors que chacun sait qu'on lui a remis l'œil droit dans son orbite lors de son opération, ce qui pouvait tout de même laisser craindre quelques séquelles. Fabrice n'a subi aucun examen, aucun contrôle. Il n'a jamais rencontré un ophtalmologiste depuis son entrée à l'hôpital. Pour toute explication, la même litanie : « Ici on est en réanimation. On réanime » ; pour les yeux, c'est ailleurs, plus tard !

Inacceptable pour un hôpital qui se veut à la pointe.

Plus tard, toujours plus tard. J'ai l'impression que dans ce service la notion de temps n'existe pas. C'est un peu vrai. Lorsqu'on côtoie tous les jours la mort, l'impatience, l'angoisse des familles, ce n'est pas un problème.

Et puis, malgré mes interventions en haut lieu, il y a toujours ces difficultés à accéder au dossier médical, à rencontrer le chirurgien qui a opéré Fabrice, à obtenir une explication sur cet écoulement nasal anormal. Et pourquoi aucun ophtalmo n'est venu examiner notre fils ?

Mais d'importants progrès constatés chez Fabrice m'accaparent pendant quelques jours et m'apaisent momentanément.

Notre fils malaxe maintenant en permanence une balle, pour faire travailler les doigts de sa main droite. Le côté gauche du corps reste totalement paralysé. Fabrice pianote des numéros sur un clavier de téléphone, sans toutefois distinguer les chiffres, et réussit même à sortir quelques sons d'un petit orgue électronique. Il peut aussi écrire, avec peine, son prénom et celui de son fils, et nous communiquer quelques messages. Il nous demande ainsi de cesser de lui diffuser le cri des mouettes dans le casque de son baladeur. Il ne souhaite plus entendre que la voix de son fils. Il refuse également catégoriquement de rencontrer un ophtalmologiste extérieur à l'hôpital pour contrôler sa vision, comme je le lui propose. Je n'insiste pas car cette perspective avait provoqué un joli tollé lorsque je l'avais évoquée devant le personnel du service. Cela dit, je songe, malgré tout, de plus en plus, à me dégager de ce carcan de Bicêtre, à ne plus m'en remettre exclusivement au bon vouloir de ses médecins. J'ai besoin d'élargir le cercle, de recueillir d'autres avis.

Le 29 octobre, Fabrice est, enfin, libéré de son assistance respiratoire. Si tout va bien, il doit pouvoir déglutir seul, sans s'étouffer avec sa propre salive. La kinésithérapeute nous propose même de sauter l'étape de la canule, qui ne lui paraît plus indispensable : « Nous pouvons essayer, dit-elle à ma femme, il déglutit, il devrait donc pouvoir s'alimenter. Nous verrons. »

Avant que Josiane ne fasse avaler à Fabrice sa première cuillerée de crème caramélisée, Claire teste ses capacités à déglutir en lui proposant une sucette. Tout se passe bien, signe que cet automatisme est récupéré. Josiane peut maintenant présenter sa cuillère. Elle n'oubliera jamais ce moment. Sa main tremblait et elle m'avouera plus tard qu'elle était terrorisée à l'idée que Fabrice pût s'étrangler, s'étouffer en avalant la crème de travers. Nous retenons tous notre souffle lorsque celle-ci glisse lentement dans sa gorge. Et le miracle se produit. Il avale.

Comment aurais-je pu imaginer que je resterais, un jour, suspendu à un geste aussi banal ? Mais la reconstruction de mon fils passe par une succession de gestes anodins. Il faut le reprogrammer. Tout lui réapprendre, car tout a été effacé de sa mémoire. Il va nous falloir beaucoup de patience.

Fabrice étant redevenu autonome, il devrait maintenant rejoindre le service neurologique. C'est la logique. Seulement voilà : aucun lit n'est disponible. Il doit donc rester en « réa » avec tous les inconvénients que cela comporte. D'abord, il monopolise un lit dans un service d'urgence qui en a pourtant bien besoin. Ensuite, pour le moindre soin, il doit être transporté sur un fauteuil roulant à travers les couloirs et les jardins de l'hôpital pour passer d'un secteur à un autre. Que de temps perdu ; que de personnel mobilisé ! Fabrice n'est pas un cas particulier, bon nombre de blessés et de malades sont ainsi trimbalés chaque jour d'un point à un autre pour les consultations, les analyses, les radios, les examens...

Apparemment, personne ne s'en étonne. J'imagine une telle gabegie dans une entreprise privée...

Malgré mes avertissements répétés aux infirmières, le nez de Fabrice continue de couler. Chacun a beau m'assurer que ce n'est pas grave, je n'en crois plus un mot. Ce n'est pas un rhume. C'est une fuite de liquide céphalo-rachidien, celui dans lequel baigne le cerveau.

Et s'il y a fuite, il y a entrée d'air, c'est un principe de base élémentaire. C'est le principe de la pipette et du compte-gouttes.

Je ne peux donc plus attendre. Je prends contact avec mon ami le professeur Michel Desgeorges, chef du service de neurochirurgie de l'hôpital du Val-de Grâce.

Je lui explique la situation. Il me confirme, hélas, mes craintes : c'est bien une fuite de liquide céphalo-rachidien et de l'air pénètre donc dans la boîte crânienne. C'est très grave car cette entrée d'air peut entraîner une infection et donc une méningite. Je demande alors au professeur Desgeorges de se faire communiquer le dossier médical de Fabrice, que j'ai toujours du mal à consulter, malgré les promesses. Entre médecins cela doit être plus facile !

Le professeur Desgeorges me rappelle rapidement. Le tableau qu'il trace est sombre : « Ton fils est très abîmé ! Les séquelles seront lourdes. »

Fabrice risque de rester paralysé du côté gauche et il est aveugle. Un morceau d'os a sectionné le nerf optique du côté droit et celui du côté gauche a été comprimé. Il n'a quasiment aucune chance de retrouver la vue. Son cerveau a été malmené. Les lobes frontaux, le siège de la pensée abstraite sont noirs. Le professeur Desgeorges est surpris que mon fils ne soit toujours pas installé dans un service de neurologie. Coup de chance, un lit va bientôt se libérer au Val-de-Grâce. Il me propose de le lui réserver.

J'accepte avec joie.

Le 1er novembre, je n'ai toujours pas vu de spécialiste à Bicêtre et Fabrice réapprend lentement à vivre. Ma femme lui fait avaler patiemment une purée lorsque, tout à coup, elle se fige, la cuillère en l'air. Moi-même je suis cloué au sol, stupéfait : Fabrice vient de parler ! Je n'y crois pas, je cherche confirmation dans le regard de Josiane qui semble aussi désemparée que moi. Nous n'avons pas rêvé, Fabrice vient de prononcer deux mots, deux mots étonnants, deux mots de bébé : « maman » et « compote ».

C'est un pas de plus vers la vie, vers la restructuration du cerveau.

Reste le problème le plus urgent à résoudre : celui de la fuite. Il faut aller vite. J'alerte à nouveau le directeur de l'hôpital que je n'ai plus sollicité depuis notre première entrevue.

Là, tout a été très rapide : consultation du chef de service de neurologie, et décision de tenter le tout pour le tout. Ouf ! C'est un immense soulagement. Merci Alain. Car, sans l'entêtement d'Alain Mainville et de Michel Desgeorges, mon fils aurait bien pu allonger la liste des « victimes d'accidents hospitaliers ».

Le 4 novembre un médecin nous confirme que notre fils est définitivement sorti du coma et que nous pourrons envisager son départ du service de réanimation dans quelques semaines. Mais pour aller où ? En neurochirurgie, pas de place. En rééducation ? Bien sûr, à condition de trouver le bon établissement.

En attendant une réponse, l'opération de Fabrice est programmée pour le 22 novembre.

Fabrice doit passer un scanner. Je suggère que l'on procède plutôt à une IRM. La résonance magnétique me paraissant mieux adaptée et plus efficace pour obtenir une représentation en relief et en trois dimensions de toute la boîte crânienne. Tout le monde en convient, mais l'IRM de l'hôpital est en panne ! Cela peut arriver. Un service maintenance-dépannage est logiquement prévu et doit faire partie des contrats.

J'appelle immédiatement un médecin :

– Il n'y a pas qu'une installation IRM au monde. On peut faire procéder à cet examen à Bonsecours, ou à Montsouris, deux établissements bien équipés, et pas très éloignés du Kremlin-Bicêtre ?

Le bons sens en somme ! Eh bien non ! Encore une fois, je comprends que je soulève là des problèmes administratifs majeurs et, apparemment, insurmontables. Heureusement, serait-on tenté de dire, l'IRM du Kremlin sera remis en état huit jours plus tard ! Huit jours de perdus, et la fuite au cerveau qui continue.

Les examens préliminaires ont permis de détecter une brèche sous le cerveau, dans le plancher de la boîte crânienne. Lors de l'accident, le crâne a été compressé et a éclaté en de multiples morceaux. Dans l'urgence, il était difficile de réduire toutes les fractures.

Il faut dire qu'à ce moment mon fils était donné pour mort et qu'une fracture de plus ou de moins n'avait plus grande importance.

La donne est maintenant tout autre, Fabrice vit et chaque fonction qui peut être récupérée est un progrès de plus. Il ne s'agit plus de « ravauder » mais de remettre en état de marche, et dans les meilleures conditions, tout ce qui peut encore l'être.

Le 22 novembre, comme prévu, Fabrice entre dans le bloc opératoire. Deux équipes de chirurgiens se relaient durant huit heures. Ils doivent démonter toute la face, tirer le visage comme une peau de lapin pour accéder aux parties frontales. Ils procèdent alors quasiment comme des chaudronniers qui refont l'étanchéité d'un fond de cuve afin de colmater les fuites. C'est une opération lourde, compliquée, minutieuse, et risquée. Un travail d'orfèvre. Chapeau !

Le lendemain pourtant, lorsque nous rendons visite à Fabrice, nous recevons un choc. Entourée de bandages, sa tête a de nouveau doublé de volume. Pendant quelques secondes, il nous semble que nous sommes revenus à la case départ, que tout est à refaire. Une satisfaction tout de même : le nez de Fabrice ne coule plus. L'opération semble réussie bien que les médecins restent prudents, et on les comprend. L'un d'eux confie même à Claire :

– Apparemment, tout va bien, mais il faut attendre quelques jours pour en avoir la certitude. En cas d'échec, il faudra réopérer.

Face à cette éventualité, l'épouse de Fabrice craque :

– Ah non, fichez-lui la paix, il a trop souffert, ne

touchez plus à rien, il n'en peut plus.

Fabrice, effectivement, ne veut plus entendre parler d'opération. Cela fait trois mois qu'il est cloué au lit.

Heureusement, dans les jours qui suivent, aucune complication : pas d'infection, pas de fuite. Nous pouvons envisager son transfert au Val-de-Grâce, proposé par le professeur Desgeorges. Reste à en convaincre les médecins de Bicêtre et à obtenir leur bon de sortie. Cela tient du parcours du combattant : que de coups de fil passés entre les secrétariats, pour quelque chose de simple.

Fabrice intègre le Val-de-Grâce le 12 décembre et commence une lente rééducation en attendant d'intégrer un centre spécialisé. Pour nous c'est un jour de fête, une éclaircie après presque quatre mois très sombres, quatre mois pendant lesquels nous nous sommes rendus deux fois par jour à Bicêtre. Quatre mois qui nous ont usés moralement et physiquement.

Ce n'est pas parce qu'il a changé d'établissement que Fabrice est pour autant sorti d'affaire, et cela ne modifiera en rien le rythme de nos visites. Mais cette rupture nous fait du bien, nous donne l'impression de sortir la tête de l'eau. Bien que les médecins de Bicêtre n'aient pas démérité, loin de là, nous savons maintenant que notre fils est entre des mains amies et compétentes. Le contact est beaucoup plus facile. Un air de fête flotte dans notre maison.

L'espace d'un dîner nous évacuons nos soucis, nous nous efforçons de croire en un avenir plus rose. Cela nous fait le plus grand bien.

Mais dès le lendemain, nous sommes rattrapés par les soucis.

Fabrice ne va pas rester éternellement au Val-de-Grâce. Nous devons songer à lui trouver un centre pour poursuivre sa rééducation, et ce, le plus rapidement possible. Une assistante sociale de Bicêtre nous avait déjà prévenus que ce ne serait pas simple. Nous en avons eu rapidement la confirmation.

Et là, je découvre un nouveau scandale : la France manque cruellement d'établissements spécialisés et de structures d'accueil pour les handicapés, et notamment les traumatisés crâniens. Des centaines, voire peut-être des milliers de familles attendent une place pour l'un des leurs. On sait pourtant que tout retard compromet la qualité de la récupération. Il y a là de quoi être atterré.

Que de démarches, de coups de téléphone, que de sonnettes tirées, de relations professionnelles sollicitées, avant de trouver une place pour Fabrice dans un centre situé à Coubert, un village de Seine-et-Marne près de Melun, pas trop éloigné de chez nous. Du coup, j'ai découvert qu'un handicapé pouvait, faute de mieux, se voir proposer un accueil à plusieurs centaines de kilomètres de chez lui. C'est à prendre ou à laisser. Alors qu'il est déjà dans une situation difficile, il se retrouve coupé de sa famille, de ses amis, de ses structures sociales. Moralement cela doit être insupportable, et surtout, on court le risque de voir le patient abandonné par sa famille.

Nous en avons eu un aperçu avec Fabrice qui ne cessait de réclamer son fils.

Aveugle, il n'imaginait pas dans quel environnement il se trouvait. Il était impossible d'infliger un tel spectacle à un enfant d'un an qui risquait même d'en être effrayé. Je me souviens de cette scène insoutenable du film *La Chambre des officiers* où l'on voit un enfant s'enfuir en hurlant devant son père, défiguré par un obus sur un champ de bataille durant la guerre de 14. Il ne le reconnaît plus.

Nous avons donc dit à Fabrice que le règlement de l'hôpital interdisait l'entrée des chambres aux enfants. Le priver de cette joie était d'autant plus dur que Nathan s'inquiétait souvent de l'absence de son père. Mais que faire ? Que lui dire ? Nous lui avons expliqué que Fabrice avait eu un accident, qu'il avait mal et devait se soigner, ce qu'il traduisait, lorsqu'il évoquait son père, par « Papa, bobo ».

Heureusement, le pauvre gosse est bien trop petit pour réaliser la gravité du mal, qu'il assimile aux écorchures de ses genoux. Claire, sa maman, fait tout pour le rassurer, rester gaie, souriante et câline avec lui.

Maintenant que Fabrice est installé plus confortablement au Val-de-Grâce et que son état physique s'est tout de même amélioré, nous décidons d'amener Nathan à l'hôpital.

Le jour de la visite Fabrice est fou de joie mais nous sentons rapidement Nathan impressionné par le décor de cette chambre d'hôpital. Nous préférons écourter ce moment que Fabrice souhaiterait tant prolonger car le sourire de l'enfant pourrait vite virer aux larmes.

Quelques jours plus tard, les médecins nous font un merveilleux cadeau : ils accordent une « permission » à Fabrice afin qu'il passe le réveillon du jour de l'an en famille. Nous pouvons à nouveau parler fête, cadeaux, bonheur. J'aimerais le gâter mais je suis désarmé devant son état et ne sais trop quoi lui offrir. Aveugle, à demi-paralysé, je n'imagine pas ce dont il pourrait avoir envie. Alors je lui demande :

– Qu'est-ce qui te ferait plaisir ?

La réponse tombe comme un couperet.

– J'aimerais voir.

Je suis pris de court. Je ne peux plus articuler un mot. C'est dur ! Très dur de réaliser que son fils est détruit par la faute d'un irresponsable.

Dès les premières heures passées à la maison, j'ai bien compris que l'enfant que j'avais devant moi n'était plus le même, ne serait plus jamais le même. Son cerveau mutilé lui interdisait tout raisonnement soutenu. Tout en restant cohérent dans ses paroles et ses souvenirs, Fabrice avait les facultés mentales d'un enfant. Ses conversations se limitaient à des sujets purement fonctionnels. Il était incapable de développer la moindre idée, de se projeter dans le futur. C'est le lot de la plupart des traumatisés crâniens.

Malgré nos efforts, notre bonne volonté, il fallait en convenir : ce réveillon du 31 décembre 2001 marqué par le retour de Fabrice, que nous espérions joyeux, sombrait au fil des minutes dans la sinistrose.

Nous avions en permanence sous les yeux la vue de notre Fabrice immergé dans ses handicaps et que rien ne pouvait dérider. Il souriait quelquefois à un mot, une plaisanterie un peu forcée, puis retombait aussitôt dans son apathie, s'enfermait dans son mutisme ou s'emportait brusquement, sans raison apparente, contre l'auteur de l'accident dont nous lui avions maintenant rapporté les circonstances. Après tout, on le comprend. Essayez de vous mettre à sa place, d'être brisé, démoli, physiquement et moralement, alors que vous n'y êtes pour rien !

Avec ce premier retour à la maison, nous prenions conscience de ce que serait notre quotidien. Tant qu'il était à l'hôpital, il dépendait du personnel soignant qui le prenait en charge, il vivait dans le monde des malades. Bien qu'avertis des séquelles de son accident, nous imaginions mal qu'il transporterait ses handicaps chez nous. Par définition on ne quitte l'hôpital que lorsqu'on est guéri. Il était difficile d'admettre que Fabrice ne serait jamais guéri, qu'il traînerait ses handicaps avec lui vingt-quatre heures sur vingt-quatre.

Nous en avons la preuve en ce triste soir de réveillon 2001.

En même temps que la dégradation physique de Fabrice, nous découvrions que l'appartement qu'il occupait avec Claire ne serait pas du tout adapté au fauteuil roulant : portes trop étroites ; impossibilité de prendre une douche. De même pour les toilettes : il fallait être deux, en se gênant à cause de l'étroitesse des lieux, pour porter Fabrice sur le siège. Au fil des heures, les gestes les plus simples de la vie, les activités plus banales pour nous, se révélaient insurmontables pour Fabrice. Même se laver les mains dans la salle de bains était devenu impossible pour lui car son fauteuil ne passait pas sous le lavabo. Bref, tout était à revoir, à réaménager, à repenser en fonction du handicap.

Et encore, par chance, Fabrice et Claire occupaient un appartement au rez-de-chaussée. Leur immeuble ne comportant pas d'ascenseur, s'ils avaient habité à l'étage, le problème aurait été définitivement réglé : il aurait fallu déménager au cas où Fabrice aurait été condamné au fauteuil roulant.

Et sur ce point nous n'avions toujours pas de certitude absolue. Les médecins nous avaient juste prévenus que, même s'il retrouvait l'usage partiel de sa jambe gauche, il ne pourrait faire que quelques pas.

Il est évident qu'en entrevoyant le chantier qui l'attendait, la pauvre Claire avait perdu sa joie de vivre. Il était inutile de lui mentir : la réalité de son avenir s'étalait sous ses yeux : Fabrice n'était plus l'homme qu'elle avait choisi d'épouser quelques années plus tôt. Elle avait devant elle une autre personne et ce, sans espoir de retour en arrière. Jusqu'alors, bien trop accaparée par le présent, Claire ne s'était pas projetée dans le futur. Elle avait repris son poste d'institutrice et passait toutes ses heures libres à s'occuper de son fils et à se débattre au milieu de tracasseries administratives. Elle était harcelée par la Sécurité sociale, les mutuelles, les assurances, les avocats, qui lui réclamaient sans cesse un justificatif, une précision, une photocopie, une pièce manquante. Le peu de temps libre qui lui restait, elle le partageait entre les visites à l'hôpital et l'attention qu'elle devait porter à Nathan. Elle ne pouvait en faire plus et confiait à ses parents et à nous-mêmes les tâches quotidiennes qu'elle ne pouvait accomplir. Elle ne vivait qu'au présent, mais le futur la rattrapait. Il était là. Nous l'évoquions ensemble. Mais nous restions dans l'abstrait, incapables de concrétiser, de visualiser. Pourtant, l'avenir prenait corps au fil des jours, il s'imposait : Claire allait devoir vivre avec un handicapé lourd.

Fabrice devenait également agressif, aussi bien avec nous qu'avec le personnel de l'hôpital, ce qui n'étonnait pas les médecins. Ce type de comportement est fréquent après un traumatisme crânien. Pour nous, pour Claire, et même peut-être pour Nathan, c'était une catastrophe de plus. Nous poursuivions notre chemin de croix.

Fabrice quitta le Val-de-Grâce le 29 janvier pour intégrer le centre de rééducation de Coubert où il devait réapprendre à vivre et, peut-être, à marcher.

Nous espérions que ce transfert, ce passage d'une chambre d'hôpital à un centre médicalisé beaucoup plus ouvert, installé dans un vaste jardin où il pourrait se promener, respirer, lui ferait plaisir, lui redonnerait courage et moral. Très vite nous avons déchanté, le cadre ne changeait strictement rien. Le mal était bien plus profond.

Fabrice s'était pourtant dit très heureux de quitter l'hôpital, mais nous en avons vite compris la raison. Ce n'était pas du tout parce qu'il allait découvrir un cadre nouveau plus attractif, mais uniquement parce qu'il était terrorisé à l'idée de subir une nouvelle intervention chirurgicale. Il nous l'avait affirmé, répété, il ne voulait plus entendre parler du bloc opératoire, il avait trop souffert. En quittant le Val-de-Grâce, le spectre de l'opération s'éloignait, c'était, pour lui, le seul point positif. Pour le reste, Fabrice restait enfermé dans son désespoir, dans ses rancœurs, dans sa haine contre ce chauffard qui avait bousillé sa vie, contre les médecins, les kinés, les infirmières qui ne parvenaient pas à le remettre d'aplomb. Fabrice refusait son handicap. Il le niait, le repoussait de toutes ses forces et accusait la terre entière de ne pouvoir l'en débarrasser. Il entrait maintenant dans des rages démesurées, insultait les soignants, refusait l'aide des kinésithérapeutes lorsqu'ils lui proposaient d'essayer de réapprendre à marcher.

Avec une infinie patience, ces derniers ont réussi à lui faire quitter son fauteuil roulant et, après des mois de travail fastidieux, Fabrice est parvenu à faire quelques pas. Une dizaine, pas plus, mais c'était déjà un énorme progrès et un grand bonheur de le voir debout.

Dans le même temps, les médecins nous ont confirmé qu'il ne fallait cependant pas attendre de miracle, qu'il n'y aurait plus guère de progrès. Tout au plus, les kinés espéraient-ils améliorer l'équilibre et la marche avec une canne. Inutile de rêver, le fauteuil roulant devenait inéluctable.

Il était donc temps pour Claire de songer à déménager. Non seulement elle devait trouver une maison avec un accès de plain-pied, mais elle devait aussi songer à l'aménager en fonction du handicap de Fabrice. Il fallait penser à l'accès, à la largeur des portes, la hauteur des lavabos, la superficie des toilettes. Impossible de trouver une maison répondant à un tel cahier des charges. Et cela coûte cher. Heureusement, nous avons pu faire face, parce que nous en avions les moyens financiers, mais comment font pour s'en sortir toutes les familles qui n'ont pas cette chance ? Où trouvent-elles les fonds ? Je suis persuadé qu'elles n'obtiennent même pas de facilités pour un emprunt. Et pourtant, les dépenses ne font que s'accumuler. Nous avons vite réalisé que Claire devait aussi changer de voiture. La sienne était trop petite et trop haute pour y transférer un handicapé de son fauteuil au siège. Il lui fallait donc acheter un véhicule adapté, ce dont les assurances n'avaient que faire tant qu'un règlement global n'était pas intervenu. Nous devions les menacer, pour obtenir des dédommagements immédiats.

Mais, à chaque fois, il fallait avancer l'argent pour que tout soit prêt le jour où Fabrice pourrait quitter Coubert. C'était épuisant et démoralisant.

En attendant ce jour, Fabrice s'étiolait au centre de Coubert dans son univers cauchemardesque. Il faut aller déambuler dans les couloirs et les jardins de l'établissement pour bien percevoir la détresse de ceux qui s'y traînent, poussant sur les roues de leur fauteuil, s'accrochant à un bras pour tenir debout, ânonnant quelques mots pour se faire comprendre, incapables, pour certains, d'articuler seulement leur nom alors qu'autrefois ils avaient, peut-être, étonné leurs professeurs en faculté, brillé en société, fait trembler le monde des affaires.

Chaque fois que je me rendais à Coubert, je ne pouvais m'empêcher d'aller saluer un homme brisé par une rupture d'anévrisme. Il avait été l'un de nos plus grands décideurs, un chef d'entreprise craint et respecté. En une fraction de seconde sa vie, à lui aussi, avait basculé, son cerveau avait définitivement disjoncté. Le voir ainsi anéanti, détruit, éliminé, me désespérait. Je ne pouvais m'y résoudre, et je pensais souvent à l'auteur de l'accident qui n'avait jamais donné signe de vie et coulait des jours heureux dans son appartement de la banlieue parisienne. Cet accident, dont il était l'unique responsable, ne le préoccupait pas plus que s'il avait écrasé un lapin.

Chapitre 3

Accident ? Quel accident ?

Pas un mot, pas un regret, pas un message de compassion : l'homme qui a massacré Fabrice ne s'est jamais manifesté, ne s'est jamais inquiété de son état. Rien. La perte de quelques heures de travail et le risque de voir son permis annulé devaient le préoccuper bien plus que les vies qu'il venait de briser. Lui continue à vivre normalement alors qu'à quelques kilomètres un être est devenu infirme à vie par sa faute. Que nous nous débattions dans un océan de tourments, c'est bien le cadet de ses soucis. Et pourtant, cet homme-là porte l'entière responsabilité de l'accident. Pas l'once d'une circonstance atténuante. Je tenais à en avoir le cœur net.

Dès que j'ai eu la certitude que Fabrice était tiré d'affaire je me suis penché, avec l'aide de mon autre fils, Christophe, sur les circonstances exactes de cet accident. Je voulais savoir ce qui était arrivé, pourquoi, et à cause de qui, Fabrice était infirme. Obtenir ces précisions n'a pas été une mince affaire. J'ai découvert qu'il est aussi difficile d'accéder aux procès-verbaux qu'au dossier médical. Top secret, une instruction est en cours, laissez la Justice travailler en paix… C'est bien gentil mais, en attendant, c'est mon fils qui est dans un fauteuil roulant et c'est sa femme qui se demande comment elle va vivre et élever son enfant. Il m'a fallu des mois pour parvenir à mes fins. Et encore : grâce à la compréhension et l'amicale complicité d'un officier de police judiciaire de la CRS4 de Champigny.

Le 21 août 2001, à 14 h 30, après son travail à Rungis, Fabrice regagnait son domicile à bord de sa fourgonnette Jumper. Comme à son habitude, il empruntait l'autoroute A4. Près de Champs-sur-Marne, cette autoroute était en travaux. La circulation était dérivée sur la voie inverse et s'effectuait sur une file. En temps normal le trafic était simplement ralenti à cet endroit et la vitesse limitée à 90 km/h. Mais ce jour-là, un camion chargé de bitume effectuait une manœuvre pour pénétrer sur le chantier, ce qui avait eu pour conséquence l'interruption de la circulation.

Fabrice se retrouva donc à l'arrêt derrière un camion muni d'un hayon. Il attendait sagement lorsqu'il fut percuté à l'arrière par un autre camion-benne chargé de terre dont le conducteur s'était endormi au volant. L'enquête devait le démontrer.

Le choc fut d'une rare violence. En sept dixièmes de seconde, la fourgonnette de mon fils fut projetée sous l'arrière du camion arrêté et elle fut laminée, compressée entre les deux mastodontes. Le hayon arrière se retrouva à la verticale du pare-brise, et tout l'avant du véhicule s'encastra sous le camion à l'arrêt. Sous le choc, celui-ci fut projeté en avant et instinctivement son conducteur appuya sur la pédale de frein pour stopper sa course. De la camionnette Jumper, il ne restait plus qu'un amas de tôles de la taille d'une Smart. Les deux camions se touchaient presque, rapporteront les témoins.

Quelques secondes après l'accident, un médecin qui passait dans l'autre sens s'est arrêté et s'est précipité sur les lieux. Il a tenté de porter les premiers secours mais ne pouvait pas faire grand-chose tant les tôles étaient enchevêtrées. Fabrice était inaccessible mais il n'avait pas encore perdu connaissance. Le médecin s'est efforcé de le faire parler en attendant l'arrivée du Samu et, surtout, des pompiers avec leur matériel de désincarcération.

Très vite relayé par une consœur du Samu 94, le médecin transmit à celle-ci les quelques renseignements qu'il avait pu arracher à Fabrice qui disait souffrir énormément de la tête. Les deux praticiens ont tout de suite mesuré l'ampleur et la gravité des lésions à travers l'entrelacs de ferraille.

Quant au conducteur du camion tamponneur il n'est même pas venu leur proposer son aide éventuelle. Il n'a même pas songé à reculer son camion pour dégager les tôles et permettre un accès à la voiture. Lorsque les pompiers sont arrivés, ce sont eux qui lui ont demandé de le faire. Adossé à son véhicule, l'homme téléphonait tranquillement à son patron et à ses proches pour signaler l'accident. Il paraissait presque surpris par la requête des pompiers et, jusqu'à l'arrivée des CRS, il ne semblait pas vraiment concerné par ce qu'il venait de provoquer. Tous les témoins entendus ont été formels sur ce point : son attitude a été révoltante, comme d'ailleurs la suite des événements. Même les éléphants viennent au secours d'un des leurs blessé. Ils tentent de le relever en s'aidant de leurs défenses. Là, cet homme téléphonait pendant que les sauveteurs s'activaient. Il se désintéressait du sort du blessé et lorsque les enquêteurs le lui feront remarquer il dira : « J'étais sous le choc. »

Tous les autres témoins, le conducteur du premier camion, les ouvriers du chantier, qui ne savaient que faire pour aider, qui proposaient des pinces, des barres à mine, des outils, leurs bras, leurs mains, étaient eux aussi choqués à la vue de cet homme que l'on n'arrivait pas à dégager et qui était en train de mourir sous leurs yeux. Et pourtant ils ne ménagèrent pas leur peine, alors que le chauffeur incriminé ne fit pas un geste.

Vu la situation, les pompiers avaient prévenu les médecins qu'il leur faudrait beaucoup de temps pour désincarcérer le blessé. La jeune femme du Samu a alors décidé d'endormir Fabrice qui semblait souffrir atrocement. Il faudra deux heures aux pompiers pour libérer le corps des tôles du véhicule. C'est à ce moment qu'ils découvriront que seule la tête avait été touchée. Prise entre les deux pare-chocs des camions, la boîte crânienne avait explosé. De la matière cervicale s'était répandue sur le siège. Le reste du corps était absolument intact, sans la moindre fracture. Mais devant ce crâne éclaté, l'œil droit sorti de son orbite, tout le monde estima Fabrice condamné. Son état était si désespéré qu'il fut transporté en hélicoptère aux urgences de l'hôpital du Kremlin-Bicêtre.

Sur les lieux les enquêteurs poursuivirent leurs investigations pour établir les causes de l'accident. Ils ne relevèrent aucune trace de freinage et le conducteur s'en expliqua en assurant : « Les freins n'ont pas répondu. »

L'expertise allait démontrer rapidement que les freins étaient en bon état de marche et qu'il n'y avait donc aucune raison pour qu'ils « n'aient pas répondu ».

En revanche, l'enquête allait établir que le chauffeur avait roulé toute la nuit avant de récupérer son camion à sept heures du matin au siège de son entreprise pour aller travailler. Il était allé chercher sa famille en vacances au Portugal. Il y avait donc de fortes probabilités pour que, fatigué, il se soit endormi au volant. C'était même une quasi-certitude pour les enquêteurs. Rappelons qu'il était 14 h 30 et que, ce 21 août 2001, il faisait chaud.

Mais l'homme, malgré ces évidences, maintint sa version des freins défectueux…

De mon côté, j'entamai une enquête parallèle afin d'apporter, éventuellement, de nouveaux éléments au dossier.

Collaborant à l'émission « Turbo », sur M6, Christophe connaissait bien Xavier Le Coz, le directeur du LAB, le laboratoire d'accidentologie exploité conjointement par Peugeot et Renault. Très gentiment, ce dernier nous avait proposé l'aide de l'un de ses collaborateurs pour expertiser le véhicule de Fabrice.

Seulement voilà, la fourgonnette était sous scellés dans un entrepôt de banlieue, et je n'avais pas le droit de la voir. C'est ainsi. C'est la loi. Seules les personnes dûment accréditées peuvent approcher l'épave.

Comme nous effectuions en même temps un reportage pour l'émission de télévision « Ça me révolte », l'officier de police chargé de l'enquête accepta finalement de nous accompagner jusqu'au garage, se portant garant que nous ne toucherions à rien.

Pour l'expert du LAB l'endormissement au volant ne faisait aucun doute, étant donné les traces d'impact sur l'arrière de la fourgonnette. Un conducteur conscient dont les freins ne répondent plus tente de donner un coup de volant à droite ou à gauche pour éviter l'obstacle, ce qui se traduit par un choc de biais après que le véhicule a perdu de l'énergie en percutant les barrières de sécurité. Là, nous constations que la camionnette avait été heurtée bien dans l'axe, preuve qu'il n'y avait pas eu de manœuvre d'évitement et que le chauffeur n'était pas en état de veille.

Le spécialiste du LAB me fit par ailleurs remarquer que, si le camion à l'arrêt avait été équipé de barres anti-encastrement à l'arrière, mon fils aurait certainement eu d'autres traumatismes, comme des fractures aux jambes, mais peut-être pas la tête écrasée. La législation européenne a rendu cet équipement obligatoire sur tous les véhicules. En France, sans doute en raison de l'exception culturelle, les engins et véhicules de chantier en étaient, à l'époque, dispensés. Motif : ce dispositif qui sauverait pourtant des dizaines de vies compliquerait certaines manœuvres en marche arrière.

Argument fallacieux car il y a bien longtemps que les constructeurs proposent des systèmes démontables, voire escamotables. Mais ils coûtent cher, c'était la seule et unique raison de cette exception à la française. Un scandale de plus qui me révoltait.

Fort de ces éléments, j'essayai de joindre l'employeur du chauffeur. Je voulais savoir si celui-ci lui avait fourni des explications. S'il avait été sanctionné, mis à pied, interdit de conduire ?... Peine perdue. L'homme ne souhaitait pas me parler. Il me faisait savoir à chaque appel que les assurances s'occupaient de tout, que je devais voir avec elles ou leurs avocats.

Quel mépris de la vie !

Durant un mois, aidé de Christophe, j'ai enquêté auprès des assurances et de la police afin d'être certain qu'aucun détail ne nous échappait, que nous disposions bien de tous les éléments prouvant que mon fils ne portait pas la moindre part de responsabilité dans cet accident. Les difficultés que nous rencontrions pour accéder aux différents dossiers et procès-verbaux m'incitaient de plus en plus à la prudence car je n'excluais pas qu'au dernier moment un avocat émette une réserve, ou invente un argument tordu, pour semer le doute dans l'esprit des magistrats et alléger les responsabilités de leur client. L'affaire était trop grave, trop lourde de conséquences, je ne devais laisser aucun espace à la partie adverse.

Par exemple, à l'argument « mon client n'a pas vu la camionnette, il a été ébloui par le soleil », il faut apporter la preuve matérielle qu'à 14 h 30 le soleil se trouvait en position haute, sur la droite du conducteur et ne pouvait en aucun cas être reçu de face ou même être réfléchi par un rétroviseur extérieur. Cela semble aujourd'hui évident, dicté par le bon sens. Hélas, face à un avocat de mauvaise foi, devant un juge influençable, l'argument aurait pu semer le trouble. Mais qui interroger ? Quels documents fournir ? C'est là que le métier de journaliste se révèle très utile. Il permet, par exemple, de rencontrer les spécialistes de l'Observatoire de Paris et de Météo France pour obtenir toutes les informations utiles. Je plains les victimes d'accidents de la route désarmées devant les avocats, broyées par la machine judiciaire, ballottées d'un expert à l'autre. D'ailleurs, si je peux me permettre de donner un conseil : faites-vous assister d'un avocat.

C'est, pour ma part, ce que j'ai fait. J'ai confié les intérêts de Fabrice à une avocate, elle-même victime d'un accident de la route, et connaissant donc parfaitement tous les méandres de ce type de dossiers, et Dieu sait s'il y en a.

Son aide ne fut pas superflue. Elle nous a permis

de gagner au moins un an de procédure et de consolider le dossier. Mais nous avons tout de même dû attendre le procès pendant deux ans. « Seulement ». Une performance, semble-t-il. Deux années interminables durant lesquelles Claire devait jongler pour assurer son quotidien et celui de son fils. Deux années de galère face aux diverses administrations ; deux années à gérer un budget fluctuant et incertain. Ce n'était pas évident tous les jours pour elle.

Elle avait d'abord continué à percevoir le salaire de Fabrice puisqu'il s'agissait d'un accident du travail. Puis la Sécurité sociale avait pris le relais en attendant de se faire rembourser par les assureurs. Ce changement de statut n'avait pas été simple, assurances, Sécu, et différents organismes se renvoyant la balle et harcelant sans cesse Claire de questions plus saugrenues les unes que les autres. Chaque fois qu'elle croyait un dossier bouclé on lui signifiait qu'il manquait une pièce ou qu'elle n'avait pas frappé à la bonne porte.

Là encore le système est défaillant. Comment, dans de telles conditions, ne pas prendre en compte la fragilité et le désarroi des personnes auxquelles on expédie des formulaires compliqués, confus, et souvent incompréhensibles ?

Courteline n'est pas mort. Messieurs les ronds-de-cuir, ne pouvez-vous pas, un instant, imaginer que ceux qui reçoivent ces formulaires sont désemparés, que le ciel vient de leur tomber sur la tête, qu'ils ne savent plus où ils en sont ? Alors qu'ils ont besoin d'aide, de conseils, on s'ingénie à leur compliquer la vie. Jamais un mot d'explication, jamais une assistance téléphonique, mais des annotations sèches, impersonnelles : « Vous n'avez pas rempli correctement la case 3B ; reportez-vous à l'alinéa 6 de la page 4… »

Ne pourrait-on prévoir un accompagnement, une procédure particulière pour ceux qui se trouvent confrontés à ce genre de situations ? Est-ce vraiment trop que de demander simplement un peu d'attention, de compassion, disons d'humanité ?

Pour tenir le coup, Claire a dû faire appel, à titre personnel, à un psychologue qui l'a aidée à franchir les caps les plus difficiles. Seule, elle aurait fini par craquer.

Pendant ce temps, je cherchais par tous les moyens à dénoncer publiquement les dysfonctionnements que je constatais à tous les niveaux, et qui devaient excéder toutes les personnes confrontées à la même situation. J'étouffais devant tant d'injustice, d'incohérence, d'irresponsabilité, de banalisation de la vie et de la mort. Je décidai alors d'utiliser tous mes atouts afin de rendre publics mon indignation et ma révolte.

Christophe profita de sa collaboration à M6, pour raconter notre calvaire au présentateur Bernard de La Villardière, qui lui proposa aussitôt d'en faire une séquence de son émission « Ça me révolte ».

En premier lieu, nous voulions nous attaquer au

comportement inadmissible de certains chauffeurs routiers. Fabrice était infirme parce que l'un d'eux n'avait pas respecté son temps de sommeil. Une attitude criminelle lorsque l'on se dit professionnel de la route. Pour démontrer qu'il n'était pas le seul à enfreindre les règles les plus élémentaires de sécurité et ce, en toute impunité, Christophe et moi sommes allés filmer, la nuit, le périphérique parisien. Je tenais moi-même la caméra et nous avons roulé à moto pendant de longues heures sur la file de droite, respectant scrupuleusement la vitesse limitée à 80 km/h. C'était dantesque, et je tiens les films à la disposition de tous.

Déboulant sur nous à 90, 95, parfois 100, et même 110 km/h, les conducteurs nous ont gratifiés d'appels de phares, de hurlements de trompes sonores et, fait plus grave, nous ont exposés à la menace de leurs camions roulant à quelques mètres derrière nous.

Comme nous ne nous exécutions pas, certains de notre bon droit, roulant à la vitesse limite autorisée, les routiers nous doublaient au dernier moment en nous frôlant. Certains en rajoutaient en balançant dangereusement leur remorque par de petits coups de volant lorsqu'ils nous dépassaient. Cela tient du rodéo de la mort. Rouler sur le périphérique, la nuit, dans Paris est dangereux.

Le plus grave dans cette affaire était la passivité des services de police, ou plutôt leur absence. Si nous, journalistes, sommes témoins de faits graves, n'allez pas nous faire croire que les forces de police ne peuvent pas les constater. Quelques patrouilles et, surtout, des voitures banalisées, remettraient vite au pas ces non-professionnels de la route.

Un soir, les choses ont failli tourner au drame. Nous filmions, Christophe et moi, sur le périphérique, mais à bord d'une Twingo, toujours en roulant à 80 km/h, sur la voie centrale cette fois-ci. La suite ne s'est pas fait attendre. Appels de phares, coups de klaxon, un chauffeur de poids lourd, furieux de nous voir lambiner, nous colle au train. Comme nous poursuivons notre bonhomme de chemin, il nous dépasse par la voie de gauche – interdite aux poids lourds – et frotte toute la partie gauche de notre véhicule. Heureusement qu'à cette heure le trafic était clairsemé. Déséquilibrés, nous avons fini sur la bande d'arrêt d'urgence. Le camion « court » toujours.

Aucun témoin n'a songé à prendre le fautif en chasse, ni simplement à relever son numéro. Nous avons réellement été victimes d'une agression caractérisée, d'un acte parfaitement criminel qui aurait tout aussi bien pu nous coûter la vie. Pas si sympas que cela les routiers !

Ils n'ont que faire des limitations de vitesse. Il y a bien longtemps que tous connaissent l'emplacement des radars, même mobiles et, sitôt le faisceau franchi, ils s'élancent à nouveau dans leur course meurtrière.

Interrogés sur cette zone de non-droit les policiers ont répondu : « La plupart de ces conducteurs sont des étrangers. Ils ne parlent pas le français, c'est difficile de leur dresser un procès-verbal. Et puis, ce serait terriblement dangereux de les intercepter sur le périphérique. Il faudrait les faire sortir ; la manœuvre serait périlleuse. »

Authentique. Et ils ont ajouté : « Et puis, si nous verbalisons, ils ont une enveloppe toute prête avec, à l'intérieur des liasses de billets. Cela fait partie, sans doute de l'équipement du bord. » On paie, et on repart avec le seul souci de rattraper le temps perdu. Scandaleux.

Je pense qu'il faudra en arriver un jour à immobiliser camions et camionneurs en infraction, comme on bloque aujourd'hui dans les ports les navires pris en flagrant délit de dégazage au large. À l'heure où l'on s'attaque, enfin, au fléau des accidents de la route, je ne comprends pas que les poids lourds ne soient pas inclus dans cette traque, même si cela froisse le lobby des transporteurs.

Dans l'émission « Ça me révolte », Christophe a également soulevé le problème des barres anti-encastrement. À Strasbourg, chez un constructeur de remorques il a trouvé deux modèles absolument identiques. L'un, destiné à l'Allemagne, était équipé de ces barres anti-encastrement à l'arrière. L'autre, exactement le même, livré sur le marché français, ne l'était pas. Bien que cet équipement soit exigé par Bruxelles, la France continuait à ignorer la loi.

Tout nouveau ministre de l'Équipement, Gilles de Robien avait regardé l'émission. Ce non-respect de la règle européenne l'avait fait bondir.

Quelques jours plus tard, il tenait sa première

conférence de presse au fort de Rosny-sous-Bois, au PC de la circulation. Après avoir répondu aux questions d'usage des journalistes, il avait interpellé la déléguée à la Sécurité routière et lui avait demandé quelques éclaircissements sur cette anomalie qui coûte la vie, chaque année, à une centaine de personnes. La déléguée s'était retranchée derrière une réglementation extrêmement complexe. Ces barres étaient contraignantes pour les engins de chantier, disait-elle, oubliant de préciser qu'il y en avait dix mille de répertoriés en France, et qu'ils constituaient autant de pièges mortels pour les automobilistes.

L'explication n'avait pas convaincu le ministre. Quelques jours plus tard, Gilles de Robien rendait enfin obligatoire cet accessoire sur tous les véhicules mais, hélas sans effet rétroactif. Amère victoire. L'accident de Fabrice et la volonté d'un ministre sauveront, j'espère, des vies humaines.

Cette émission, où nous exposions les causes et les conséquences de l'accident, avait enregistré une bonne audience. Son succès joint à l'activité de notre avocate faisait avancer notre affaire plus vite que prévu.

Dans un premier temps, nous avions été prévenus qu'il ne fallait pas espérer de procès avant 2004. Je trouvais une telle lenteur invraisemblable et insupportable : trois ans à attendre avant que les familles des victimes ne soient fixées sur leur sort, sur le partage éventuel de responsabilités, sur le montant de leurs indemnités, sur les peines infligées à ceux qui ont brisé leur vie, cela me paraît inacceptable. Lorsqu'une victime décède, il doit être impossible à ses proches d'entreprendre le travail de deuil avant que le jugement ne soit prononcé, et cette attente est abominable. Mais, là encore, personne ne s'en soucie.

Il nous a fallu sans cesse relancer le greffe du tribunal de Meaux et le juge chargé du dossier pour accélérer un peu le mouvement et « Ça me révolte » est effectivement arrivée à point pour que notre dossier soit « placé » sur le dessus de la pile. Mais Dieu que tout cela est lent ! Et puis tout le monde n'a pas la « chance » d'être proche des milieux médiatiques.

L'enquête de police a duré six mois. Non que le policier chargé de la mener soit incompétent, au contraire, il était l'un de nos plus fidèles soutiens, mais ses rapports s'enlisaient dans les circuits compliqués des signatures, et les pièces dont il avait besoin mettaient des siècles à lui parvenir.

La date du procès fut finalement fixée en mars 2003.

Nous attendions ce jour avec impatience, mais aucune convocation officielle ne nous est jamais parvenue, bien que nous nous soyons portés partie civile. Si notre avocate ne nous avait pas communiqué la date exacte nous ne l'aurions jamais connue : notre affaire aurait été jugée hors de notre présence et le jugement nous aurait été notifié sans plus d'explication. Seul le prévenu était convoqué à la barre, notre avocate étant simplement avertie de la tenue de l'audience ! Mais, si nous ne nous étions pas portés partie civile, le procès du massacreur de notre fils se serait déroulé à la sauvette, alors que pour rien au monde je n'aurais voulu le manquer. Je tenais, par-dessus tout, à placer le responsable de l'accident face à ses responsabilités. On n'expédie pas la vie d'un homme comme ça dans l'arrière-salle d'un palais de justice de province. On n'évalue pas le coût d'une infirmité à la lecture d'une expertise d'assurances.

Je voulais, moi, que mon fils assiste à ce procès ; je voulais qu'il accuse, qu'il dénonce, qu'il témoigne. Je voulais qu'il dérange, qu'il contrarie les bonnes consciences par sa présence physique, que l'on voie ses handicaps. On n'allait pas se prononcer sur la cote 692 d'un dossier. Non ! On allait décider du sort d'un être humain assis dans son fauteuil roulant, la tête penchée en avant. Et cela, c'était beaucoup plus perturbant.

Le jour du procès, nous étions tous là, réunis autour de Fabrice, sa femme, ses parents, son frère. Nous cherchions vainement du regard le conducteur du camion. Il se terrait dans un recoin du hall du tribunal de Meaux, sachant très bien que je voudrais le débusquer avant l'appel de notre affaire.

Il était là. Debout. Valide. Bien campé sur ses jambes.

C'est un moment que je n'oublierai jamais.

J'observai attentivement l'homme au moment où

il ne savait pas trop s'il devait serrer la main de Fabrice ou s'en tenir à un prudent « bonjour ». Il opta pour la seconde solution, comme je m'y attendais. Je le sentais beaucoup plus inquiet que repentant, pressé d'en finir bien plus que conscient du mal qu'il avait fait. Ce corps disloqué, cette vie brisée, lui étaient toujours totalement étrangers, ne le concernaient pas plus que le jour de l'accident.

J'espérais tout de même un mot de compassion, une phrase d'excuse. Non ! Rien. Je ne lui en voulais pas tant d'avoir commis une faute, car nul n'est à l'abri d'en commettre une un jour, que de n'avoir pas le courage de l'assumer, de tenter de réparer ou, au moins, de demander pardon.

Devant son attitude, j'ai enfoncé le clou :

–Voilà ce que vous avez fait…

Il n'a pas dit un mot. Il n'a pas fui, il s'est échappé.

Quelques minutes plus tard, nous nous installions dans la salle d'audience. Le commandant de la CRS4 de Champigny, qui avait établi les premières constatations, avait fait le déplacement et je l'en remerciai. Sa présence me réconfortait, elle apportait une touche d'humanité dans ce sinistre tableau. C'était bien la seule car, dès l'ouverture des débats, l'écœurement m'envahit.

La présidente du tribunal avait posé devant elle une pile de dossiers qu'elle ouvrait machinalement les uns après les autres. Cela s'appelle sans doute expédier les affaires courantes ! Notre cas allait être évoqué de la même manière, entre une condamnation de poivrot et un défaut de permis de conduire. Cela me donnait la nausée. Allait-on régler ainsi l'avenir de Fabrice ?

En ouvrant l'épaisse chemise grise frappée du nom Chevalet, la magistrate marqua enfin une pause et, après avoir résumé brièvement les causes de l'accident, elle appela le chauffeur à la barre afin qu'il s'explique.

Et là, je n'en crus pas mes oreilles. Avec un aplomb inébranlable il continuait à affirmer :

– Mes freins n'ont pas répondu.

Devant cette déclaration, la présidente lui fit sèchement remarquer que les enquêteurs n'avaient détecté aucune anomalie dans le système de freinage, mais devant l'évidence il maintenait :

– Je ne comprends pas, moi je sais que j'ai freiné et que mes freins n'ont pas répondu.

La magistrate préféra en rester là et donna la parole à notre avocat tout en appelant mon fils à la barre. L'audition de Fabrice tourna court puisqu'il ne se souvenait absolument pas de l'accident. Et pour cause ! Un vrai calvaire. Il sanglotait.

Notre avocate, en revanche, s'appliqua à souligner les graves dommages corporels et intellectuels irréversibles que l'accident avait entraînés. La cour en prit bonne note et je fus un peu rassuré lorsque le conducteur fut rappelé à la barre afin d'entendre le réquisitoire du procureur. Ce sont les seuls propos vraiment sensés que j'ai entendus à cette audience.

Le procureur dit clairement à l'accusé que son

histoire de freins défaillants ne tenait pas debout et que, de toute évidence, il s'était endormi au volant après une nuit blanche passée sur la route entre le Portugal et Paris. En conséquence, l'avocat général demandait contre lui la peine maximale prévue par la loi : six mois de prison avec sursis et dix-huit mois de retrait de permis.

Je m'en réjouissais, bien que cela me parût la moindre des choses. Cet homme était un assassin. Il a brisé la vie d'un être qui n'est absolument pour rien dans tout cela, qui n'est qu'une victime. Il doit payer ses actes au prix fort.

L'affaire fut mise en délibéré. Je me demandais bien pourquoi tant la cause me semblait entendue. Mais bon, les procédures sont ainsi faites : il nous fallait attendre pour connaître le jugement. Alors nous avons attendu. Attendre ! Nous ne faisions que ça depuis ce sinistre 21 août 2001.

Quelques semaines plus tard, notre avocat nous apprenait que le chauffard assassin s'en tirait avec deux mois de prison avec sursis, dix-huit mois de retrait de permis de conduire, et six cents euros d'amende.

Six cents euros ! Vous lisez bien. Moins de cinq mille francs pour avoir fait d'un homme qui avait le droit de vivre heureux un infirme à vie, aveugle et hémiplégique !

J'étais outré. À la moindre infraction, on écope aujourd'hui d'une amende, d'une suspension de permis, même sans avoir provoqué aucun accrochage. Voilà qu'un type parfaitement irresponsable qui a brisé une vie, bousillé un couple, une famille, s'en tire avec une peine ridicule. C'est très bien de sanctionner les excès de vitesse, les alcoolémies positives. Je suis le premier à en être d'accord, mais il faut enfin que la peine soit proportionnelle à la faute. Et l'indifférence – j'allais employer le mot de « laxisme » – dont venait de faire preuve la justice au nom du peuple français était, à mes yeux, scandaleuse.

Je n'allais certes pas souhaiter aux juges d'être écrasés par un chauffard contre un mur, et de se retrouver dans la même situation que mon fils, mais si, hélas, cela arrivait, auraient-ils la même indulgence ? J'en doute !

J'enrageais mais je ne connaissais pas encore la suite. Mon avocat m'annonça bientôt que le conducteur avait fait appel du jugement. Il trouvait la peine « trop lourde ». Il criait à l'injustice – mais oui – parce qu'on lui retirait son permis de conduire, le privant ainsi de son outil de travail.

Mais bien sûr qu'il fallait le priver de son outil de travail, puisqu'il l'utilisait comme une arme. Mais bien évidemment qu'il fallait lui interdire de conduire son camion, et pas pendant dix-huit mois ; pour la vie. S'était-il soucié, lui, une seconde de mon fils ? Lui qui n'avait rien fait, sauf d'être là, devant le pare-chocs de son camion. Avait-il réalisé que lui non plus ne pourrait plus jamais conduire puisqu'il était maintenant aveugle et hémiplégique ? Lui aussi en avait besoin de son permis, pour faire ses achats à Rungis. Mais lui ne pourrait même pas espérer s'orienter vers un autre métier, car il ne pourrait plus jamais travailler. Dorénavant, il devrait être assisté à vie.

Non, vraiment, à l'énoncé de ce jugement je ne décolère toujours pas. Je ne réclame pas vengeance. J'exige seulement que l'on considère enfin à sa juste valeur le prix d'une vie. Que l'on tienne compte de la souffrance physique et morale. Chaque jour, mon fils, à son réveil, espère voir la lumière du jour. Chaque jour, il espère voir enfin son fils.

C'est ce que je me promettais de souligner aux magistrats en appel. Et je rêvais !...

J'avais évidemment prié mon avocate de m'avertir dès qu'elle aurait connaissance de cette décision prise en appel et, comme d'habitude, j'attendais, puisque je ne pouvais rien faire d'autre. Déjà que l'on ne fait pas grand cas des victimes, alors les parents ! On ne les interroge même pas !

Et pendant ce temps, l'appel étant suspensif, notre chauffeur-écraseur continuait à conduire son camion en toute impunité, et cette idée me choquait. Non pas au nom de la morale. Le mal était fait et aucune sanction ne rendrait ses facultés à mon fils, mais au nom de la sécurité. Visiblement, l'attitude du chauffeur, lors du procès, prouvait qu'il n'avait pris conscience ni de sa responsabilité ni de sa faute. Il avait eu une perte de vigilance au volant. Même s'il le niait. Il ne faisait pas le lien entre ce que l'on connaît sous le nom de microsommeil de quelques secondes et le long trajet qu'il avait effectué la nuit précédente pour ramener sa famille du Portugal. Il n'intégrait pas que le manque de sommeil constitue une grave faute de conduite, et qu'il était à l'origine du drame.

À tout moment, cet homme pouvait à nouveau mettre la vie d'autrui en péril. Et ce n'est pas la clémence des juges qui allait lui faire prendre conscience de son irresponsabilité. Je le déplorais, espérant que la peine serait enfin alourdie en appel, comme le laissaient entendre les dernières mesures gouvernementales en matière de sécurité routière.

Il n'en fut rien. Bien au contraire. Quelques semaines plus tard mon avocate m'apprenait que les magistrats de cette juridiction s'étaient rendus aux arguments du camionneur et qu'ils avaient tenu compte de son activité professionnelle. Ils avaient donc maintenu la prison avec sursis et l'amende de six cents euros, mais ils avaient assorti l'interdiction de conduire pendant dix-huit mois d'un permis blanc qui permettait au chauffeur de piloter son camion, uniquement à titre professionnel et non pour ses loisirs et déplacements privés et de conserver ainsi son travail. Autrement dit, il n'avait aucune sanction ! Alors que mon fils, qui n'y était pour rien, était pénalisé à vie.

Cette décision me paraissait aller totalement à l'encontre des discours tenus à l'époque par Nicolas Sarkozy, alors ministre de l'Intérieur. C'était un encouragement à l'irresponsabilité.

Que cet homme ne soit pas privé de travail, tant mieux pour sa femme et ses enfants, mais il me semble que son employeur aurait pu – et même dû – lui trouver un autre poste au sein de sa société. Muté un temps, paraît-il, à l'entretien, il a exigé de conduire à nouveau. Pourtant, le permis n'est pas vital, bon nombre d'activités ne l'exigent pas. Il suffisait d'y réfléchir et, pour commencer, de le laisser à l'entretien, même si cela ne lui convenait pas.

Le massacre de Fabrice n'avait servi à rien. Et ce qui est vrai pour mon fils l'est malheureusement pour d'autres victimes que j'ai depuis rencontrées lors de cette enquête menée auprès de différentes associations.

Chapitre 4

« Son handicap vous détruira… »

Fabrice était entré au centre de rééducation de Coubert allongé. Deux ans plus tard, il allait le quitter en fauteuil roulant. Vingt-quatre mois pour grappiller ces maigres progrès. Et pourtant les médecins, comme les kinésithérapeutes et les infirmières, avaient accompli un travail exemplaire. Une équipe formidable, dévouée, attentive mais qui avait très vite été confrontée à un problème qu'elle ne connaissait pas, ne maîtrisait pas : la multiplicité des handicaps.

Non seulement Fabrice était hémiplégique, mais il souffrait, aussi, d'un lourd traumatisme crânien, et il était aveugle. Aucun programme de rééducation n'intégrait tous ces paramètres. Tous avaient été conçus pour des voyants. Cela compliquait considérablement les exercices. Sans compter que son cerveau enregistrait très lentement et par bribes les ordres qui lui étaient donnés.

Tout cela faisait beaucoup pour espérer obtenir des résultats tangibles, au point que le médecin traitant de Fabrice, le Dr Désert, dut rapidement réunir son équipe pour définir un nouveau protocole adapté à ce cas.

J'admirais le courage et la patience de ces hommes et de ces femmes que rien ne rebutait, qui acceptaient sans broncher les cris et les insultes de leur patient, sans jamais se départir de leur calme, uniquement axés sur le résultat à obtenir.

Patience ! Il faut être patient ne cessait de répéter l'un des médecins du centre, le Dr Rhein. La restructuration d'un cerveau est très lente. Aujourd'hui, on fait un pas en avant. Demain on recule. On ne sait pas pourquoi ! Seul le résultat final compte.

Grâce à la persévérance, à l'acharnement et à la compétence des équipes, Fabrice parvenait, enfin, à faire quelques pas seul à la fin de son séjour, en s'aidant d'une canne. Ses déplacements se limitaient toutefois du lit au fauteuil, et ce n'était pas gagné à tous les coups. Il lui était encore impossible, par exemple, de se rendre aux toilettes en marchant et cela nous inquiétait énormément à l'approche de son retour chez lui.

Claire n'avait toujours pas déménagé. Nous attendions tous de faire un bilan définitif à la fin de la rééducation de Fabrice avant de prendre une décision. Nous espérions un miracle. S'il avait pu se passer de son fauteuil, au moins pour ses déplacements dans l'appartement, nous aurions pu nous dispenser d'un déménagement qui s'annonçait compliqué. Hélas, plus les jours passaient et plus les médecins se montraient pessimistes : c'est la cécité de Fabrice qui l'empêchait de marcher normalement. Il avait peur de tomber et ne pouvait s'aider tout à la fois d'une canne blanche et de béquilles.

Après quelques mois passés à temps plein à Coubert, Fabrice avait été autorisé à rentrer tous les soirs chez lui en ambulance ou en taxi, histoire de reprendre un semblant de vie familiale. Un semblant ! Car Claire allait mesurer tous les problèmes qui allaient se poser.

Cette décision de faire revenir Fabrice dans son foyer chaque soir s'était imposée pour des raisons purement psychologiques. Cela faisait tout de même deux années qu'il avait quitté son domicile. Il se sentait mieux chez lui, avec sa femme et son fils, ce qui ne l'empêchait pas, hélas, d'être irritable et bien souvent désagréable. La moindre contrariété pouvait le faire entrer dans de violentes colères et son infirmité lui en donnait fréquemment l'occasion. Mais nous notions aussi, parfois, quelques moments de détente et cela nous récompensait.

Quant à Nathan, il semblait satisfait d'avoir retrouvé son père et un rythme de vie normal. Chaque matin, Claire lui disait que son papa « avait toujours bobo », qu'il partait travailler, et qu'il reviendrait le soir, ce qui paraissait normal à l'enfant, et le rassurait.

Il était trop petit pour s'inquiéter de la présence, matin et soir, d'une infirmière qui venait aider Fabrice à se préparer, Claire ayant tout juste le temps de s'occuper d'elle et de son petit qu'elle déposait à la crèche avant de gagner l'école où elle enseignait. L'aide d'une professionnelle était absolument indispensable pour déplacer Fabrice dans cet appartement qui se révélait jour après jour inadapté à ses handicaps. Il allait falloir en changer, cela devenait maintenant prioritaire et indispensable, inutile de continuer à espérer une amélioration. L'échéance se précisait, avec son cortège de nouvelles galères.

Avant tout, il fallait vendre cet appartement que Fabrice et Claire occupaient toujours, et qu'ils n'avaient pas fini de payer. Deuxième étape : obtenir les crédits pour acheter cette fois-ci un pavillon de plain-pied. Troisième étape : trouver un architecte qui intègre bien les normes de construction d'une maison destinée à un homme aveugle et à demi paralysé. Nous n'avions pas le droit à l'erreur.

Heureusement, de ce côté, nous avons déniché, par relations, un excellent professionnel, Paul Joly, qui nous a, d'entrée, mis en garde sur le choix et l'emplacement de la maison.

– Votre fils ne doit surtout pas être isolé. Il est indispensable qu'il vive au cœur de la cité. Il doit entendre des bruits, ressentir l'activité extérieure. Il n'y a rien de pire pour un aveugle que le silence, ou de n'entendre que le seul beuglement des vaches dans les prés. Bien souvent ses proches croient lui faciliter la vie en lui offrant de l'espace, du bon air, en limitant au maximum les obstacles autour de lui, alors qu'ils le confinent, au contraire, dans sa solitude et découragent ses initiatives. Pour ne pas sombrer dans l'apathie, un non-voyant doit s'obliger à bouger, à sortir, à se rendre chez les commerçants, afin de parler, de garder le contact avec la société, bref d'exister. Pour lui simplifier la tâche il faut l'installer au plus près de la zone commerciale afin de lui éviter un chemin trop long, fastidieux, et qui pourrait se révéler dangereux.

Ces recommandations étaient d'autant plus judicieuses que Fabrice était, de surcroît, hémiplégique, ce qui compliquait encore ses déplacements.

Alors nous avons cherché la perle rare, qui devait impérativement être proche de notre maison. Dans une telle situation, mieux vaut se regrouper que se disperser. L'entraide devient indispensable, nous en avions tous conscience.

Claire a fini par trouver un pavillon dans le centre de Pontault-Combault. Appartenant à un couple de retraités qui partait s'installer sur la Côte d'Azur, il était sain et offrait toutes les possibilités d'aménagement que nous souhaitions.

Restait à en assurer le financement et là, c'était une autre histoire. Se présenter devant un banquier pour lui demander un prêt en étant aveugle et en se déplaçant en fauteuil roulant relève, pour lui, de la provocation. Quelle banque va prendre le risque de prêter à un homme handicapé à vie, qui n'a aucune chance de pouvoir retravailler un jour et devra composer avec le salaire de sa femme institutrice et sa rente, pour élever son enfant ? Et encore, dans le meilleur des cas, car les professionnels de la finance cachent à peine qu'ils ne donnent pas cher de la solidité des couples dans ce genre de situation. Et que faire ? Rien ni personne ne peut obliger un banquier à ouvrir ses coffres ! Aucun texte, aucune loi ne prévoit une dérogation au système, une obligation de prêt sous une forme ou sous une autre. Il faut se débrouiller et, bien souvent, le handicapé renonce purement et simplement à l'achat ou aux travaux d'aménagement.

Faute d'argent, il compose alors avec les moyens du bord, faisant aménager son appartement comme il le peut, rabotant à droite, surélevant à gauche. Et si vraiment cela ne suffit pas il est bon pour un centre d'accueil pour le reste de ses jours. À condition d'y trouver une place…

De tels soucis nous ont heureusement été épargnés, nous n'avons fait que les évoquer avec le banquier de Fabrice qui lui a accordé un prêt sans trop de difficultés, lorsque nous l'avons rencontré avec Claire, mais en nous expliquant bien qu'il s'autorisait à le faire parce que notre famille présentait de solides garanties financières.

En premier lieu, ma femme et moi apportions notre caution et, ensuite, il était clairement établi que Fabrice toucherait une somme d'argent importante ainsi qu'une pension à vie à la suite de son accident. Pour la banque, les risques étaient donc limités, pour ne pas dire classiques. Sans ces certitudes sur l'avenir, notre banquier nous a bien précisé que, comme tous ses collègues, il aurait été contraint, lui aussi, de nous refuser tout crédit, même s'il avait trouvé cela injuste et révoltant : une banque n'est pas une œuvre de bienfaisance, elle est comptable des fonds de ses clients.

Rendons hommage et remercions l'agence de la Caisse d'épargne du Plessis-Trévise pour sa compréhension et pour avoir permis à Fabrice de vivre dans des conditions plus proches de la normale.

Le problème du prêt étant réglé, ma femme et moi avons aidé Claire à affronter un autre obstacle de taille qui l'attendait : qui allait payer les travaux d'aménagement dans la maison ? Selon un premier devis établi par l'architecte, leur montant s'élevait à quatre cent mille francs.

Il me paraissait évident que ces frais incombaient à l'assurance adverse, mon fils n'étant en rien responsable de cet accident qui l'obligeait à adapter son environnement à son handicap, ce dont il se serait volontiers passé. Les assureurs ne contestaient pas ce fait, mais ils ne se précipitaient pas pour autant pour mettre la main à la poche. Les tractations pour obtenir le moindre dédommagement pouvaient durer des heures. Nous devions tout justifier, tout était contesté, épluché, discuté.

Je me sentais souvent au bord de l'explosion. Mon fils n'avait rien fait de mal, il n'avait rien demandé à personne, il ne sollicitait pas de l'argent pour s'acheter une villa sur la Côte d'Azur, il ne magouillait pas de dessous-de-table, et ce n'était pas sa faute s'il avait dû vendre son appartement. Alors, c'est sûr, je supportais mal les explications tatillonnes que l'on demandait sans cesse à Claire. Un jour, j'ai répondu vertement à un représentant de la compagnie d'assurances adverse qui s'étonnait de la pose, paraît-il, inhabituelle et superflue de grosses poignées sur les murs des toilettes : « Parce que, monsieur, mon fils ne peut plus aller pisser tout seul et ne voit plus la cuvette des W.-C. depuis que votre client lui a broyé la tête. Alors arrêtez de m'emm... ! ou venez vous occuper de lui... »

J'ai été grossier parce que cet homme ne se rendait pas compte qu'il est avilissant de dévoiler ainsi l'intimité d'un proche, de révéler à tous les turpitudes de son quotidien, les limites de son autonomie. En être témoins était déjà suffisamment pénible pour que l'on nous épargne d'avoir à déballer notre mal-être devant tous.

En surveillant l'avancée des travaux, nous découvrions la masse de petits détails techniques auxquels nous n'aurions pas pensé. L'architecte devait tout concevoir en fonction des handicaps de Fabrice : lavabo surélevé permettant le passage du fauteuil ; douche au dallage incurvé, sans rebords, à l'italienne ; urinoir mural... Et malgré cela, M. Joly nous prévenait que tous les problèmes ne seraient pas résolus pour autant.

Nous en avions déjà une idée depuis longtemps en regardant Fabrice essayer de se laver les dents. Ne parvenant pas à fixer le dentifrice sur la brosse, il l'étalait sur le rebord du lavabo, puis le ramassait sur la faïence en tenant la brosse au niveau des poils. L'étape suivante consistait à attraper le gobelet d'eau, qu'il renversait régulièrement. Moyennant quoi, il ne voulait plus se laver les dents si nous ne l'assistions pas. Et encore, souvent, rejetait-il notre aide, qui l'humiliait. Les gestes les plus simples se révélaient ainsi plus problématiques les uns que les autres.

Dans ces conditions, quand un assureur venait ergoter, oui ! cela m'énervait. J'avais vraiment d'autres soucis en tête.

Dans l'immédiat, celui qui me préoccupait était le départ programmé de Fabrice du centre de Coubert. Il était impératif qu'il intègre aussitôt une structure d'accueil pour non-voyants afin d'entamer une rééducation dans ce domaine car le Dr Désert nous l'avait encore rappelé : « Si ses progrès sont aussi lents dans la rééducation de sa jambe, c'est parce qu'il ne voit pas et ne sait pas se déplacer. Avec son bras gauche paralysé et sa main droite liée à sa canne, il ne dispose pas de "palpeurs", il avance dans le vide et a peur de tomber. C'est normal. Il faudrait qu'il prenne de l'assurance dans ses déplacements.

» Il serait souhaitable qu'il soit pris en charge dans un établissement spécialisé. Mais ils ne sont pas légion et les places y sont rares. »

Nous l'avons vite constaté lorsque nous nous sommes mis en chasse, avec l'aide des médecins de Coubert et du Pr Desgeorges, du Val-de-Grâce.

Nous avons d'abord fait des démarches auprès de l'Institution des Invalides et avons très vite renoncé : la liste d'attente était si longue qu'on ne prenait même plus d'inscriptions. On nous a conseillé de tenter plutôt notre chance en province. Mais cela, c'était inconcevable, Fabrice ne pouvait être éloigné des siens.

Les médecins nous ont alors dirigés vers un centre de très bonne réputation installé à Marly-le-Roi, près de Saint-Germain-en-Laye, dans les Yvelines et là, miracle, une place était disponible ou, plus exactement, devant l'urgence et la complexité de la situation de Fabrice, le directeur du centre, le Dr Lesage, en a libéré une.

Restait à convaincre mon fils qu'à sa sortie de Coubert il allait être dirigé vers un institut pour non-voyants. C'était une autre affaire. Fabrice ne voulait absolument pas en entendre parler. Le rejet était total, purement psychologique. Pour lui, aller à Marly, c'était accepter sa condition d'aveugle, admettre qu'il ne verrait plus jamais, et il ne pouvait, ni ne voulait, s'y résigner. Il n'y avait pourtant plus aucun espoir. Pendant quelque temps les médecins avaient pensé qu'il pourrait, peut-être, recouvrer une partie de la vision de l'œil gauche, mais ils avaient rapidement compris que c'était illusoire. Ils l'avaient alors annoncé à Fabrice avec ménagement, mais notre fils refusait toujours d'intégrer cette notion. Il rejetait Marly de toutes ses forces pour se conforter dans sa certitude qu'il retrouverait la vue.

Un psychologue l'avait alors pris en charge à Marly – c'est d'ailleurs le premier qu'il rencontrait ! – pour l'aider à accepter son handicap. Il nous avait prévenus qu'il allait devoir être dur avec Fabrice, qu'il ne servait plus à rien de le ménager, qu'il fallait, au contraire, le brusquer pour qu'il comprenne le côté irréversible de sa situation. Il nous avait invités à le suivre et à l'accompagner dans cette voie.

Dans le même temps le chanteur Gilbert Montagné, aveugle de naissance, m'avait également proposé son aide. Je connais Gilbert depuis des années, nous nous sommes souvent rencontrés sur les plateaux de télévision et sommes restés amis. Dès qu'il avait appris ce qui était arrivé à Fabrice, il m'avait téléphoné. Depuis, nous sommes restés en contact. Il appelait souvent mon fils et parlait longuement avec lui pour lui remonter le moral. Il lui expliquait comment s'adapter, se mouvoir, dans cette nuit permanente. Comment apprivoiser son handicap pour mieux vivre avec. Fabrice l'écoutait toujours attentivement, semblait aller mieux pendant quelques minutes après son appel, puis retombait rapidement dans sa déprime.

J'ai donc expliqué à Gilbert que mon fils ne voulait pas aller à Marly-le Roi, et lui ai demandé conseil. Le chanteur connaissait bien ce centre, il s'y était rendu à plusieurs reprises, non pas pour y séjourner – il n'avait nul besoin d'aide –, mais en simple visiteur pour réconforter, encourager, ceux qui se trouvaient là, et s'informer auprès des médecins des dernières évolutions techniques et scientifiques. Gilbert était bien placé pour savoir qu'un séjour à Marly serait bénéfique pour Fabrice. Très gentiment, il m'a alors proposé :

– Il faudrait que je le rencontre. Si tu me laisses lui parler une heure, je pense que je trouverai les mots pour le convaincre. Nous partageons le même handicap. Je sais ce qu'il ressent, ce qu'il attend et, avec mon expérience, je peux apporter des solutions à ses problèmes.

Gilbert a écrit un livre pudique et sensible, *Tu vois ce que je veux dire*, dans lequel il exprime et explique son ressenti d'aveugle et je savais donc, effectivement, qu'un entretien avec Fabrice serait positif.

Jour après jour, chacun tentait ainsi de convaincre Fabrice de l'importance pour lui d'un séjour dans les Yvelines. De toute façon, s'il s'obstinait dans son refus, nous serions obligés de lui imposer ce stage indispensable à sa rééducation. C'est bien ce que le psychologue essayait de lui faire comprendre.

Fabrice a fini par se plier à cette exigence et, début janvier 2004, nous l'avons tous conduit à Marly-le-Roi.

Accroché au flanc d'une colline, bien caché au bout d'un chemin tortueux, l'établissement accueille, par roulement, trente-quatre aveugles, ou mal-voyants, pour leur apprendre à maîtriser leur cécité et retrouver un maximum d'autonomie. Tous se félicitent de la formation qu'ils reçoivent et des progrès rapides, tant physiques que psychologiques, qu'ils enregistrent. Une profonde solidarité unit ces trente-quatre patients d'âges et de cultures différents, qui appartiennent à tous les milieux sociaux. Ils viennent de tous les horizons mais le même mal les réunit, gomme leurs différences, leur fait partager les mêmes tourments, les mêmes préoccupations. Ne se « voyant » pas, ils s'imaginent et se regroupent par pure connivence intellectuelle.

Souvent, l'adorable Élodie, jeune fille de seize ans, virtuose d'Internet et du « chat », et son copain Sébastien, vingt-cinq ans, fraîchement débarqué au centre, viennent demander conseil et assistance à Jean-Paul, soixante ans, ancien ingénieur de la Snecma, victime d'une rupture d'anévrisme qui l'a rendu aveugle, alors qu'il se trouvait en mission dans la jungle péruvienne. Tous trois se lancent fréquemment dans de longues discussions sur la science, le monde des ordinateurs, ses bienfaits et ses dérives. Ils oublient totalement leur handicap pour ne plus partager que leurs passions.

C'est un bonheur et une grande leçon de courage que de voir Élodie souriante, heureuse, surfer sur son ordinateur. Ses doigts virevoltent à toute vitesse sur le clavier en braille. Un logiciel spécial traduit le texte sur l'écran en lettres normales et une souris vocale permet de sélectionner les noms des destinataires afin de leur expédier les messages. Les réponses sont transcrites et imprimées directement en braille. C'est astucieux ! Et plutôt que de faire de la perversion électronique avec toute sorte de gadgets superflus comme les téléphones portables à tout faire, les chercheurs feraient mieux de se pencher sur le monde du handicap. Puisque l'on parle de téléphone, il est évident que la généralisation des appareils où il suffit de prononcer le nom du correspondant pour être mis en relation avec lui faciliterait la vie des non-voyants. Et celle de bien des personnes âgées qui n'y voient plus très bien. Pas assez en tout cas pour utiliser le clavier d'un portable.

Avec l'allongement de l'espérance de vie, il y a là un marché. Les aveugles de Marly évoquent souvent ce problème avec moi lorsque je leur rends visite. Ils espèrent ce progrès, ils l'attendent. Ils sont habitués à la patience. J'admire leur calme, tout comme la sérénité de ces deux femmes qui, dès les premiers rayons du soleil, partent pour de longues promenades dans le parc boisé qui entoure l'établissement, guidées par Rubis, un labrador beige. Se tenant par le bras, elles papotent sans discontinuer, évoquant leurs souvenirs, échafaudant des projets. L'une a tout juste trente ans, l'autre en avoue bien plus de soixante, ce qui ne nuit en rien à leur communion.

Le soir, lorsque la cloche appelle au dîner, toute cette petite troupe se répartit dans deux salles à manger pour prendre le repas en commun. C'est à nouveau l'occasion d'échanges animés, chacun racontant sa journée et envisageant celle du lendemain. Souvent, les conversations sont ponctuées de rires francs, spontanés, rafraîchissants, mais quelquefois il faut aussi aider un voisin à surmonter un moment difficile, l'entourer, lui tendre la main, ou le remettre en chemin.

Fabrice était plutôt de ceux-là. Dès son arrivée à Marly il avait été installé au premier étage, dans une petite chambre qu'il avait explorée sans enthousiasme. Un éducateur lui en avait délimité les contours, le menant successivement à une petite table, à un placard, puis à une douche parfaitement équipée, mais Fabrice était ailleurs, il ne se sentait pas concerné, ne souhaitait pas être là et n'avait prononcé qu'une phrase en touchant le téléphone posé sur une table de chevet :

– Claire m'appelle à quelle heure ?

Seuls sa femme et son fils comptaient, il se désintéressait du reste et subissait Marly comme un condamné s'accommode du bagne.

Les médecins, cependant, restaient confiants, certains qu'il finirait par s'intégrer aux structures de l'établissement. Nous l'espérions aussi et, en attendant, son placement permettait à Claire de se consacrer entièrement à l'aménagement du pavillon où il viendrait passer chaque week-end.

La chambre de Fabrice, qui donnait directement sur les toilettes et la douche, était, bien sûr, prévue au rez-de-chaussée. Elle jouxtait un vaste salon salle à manger. Toute cloison inutile avait été abattue et le sol de chaque pièce était recouvert d'une matière différente afin que Fabrice sache par simple contact qu'il passait de l'une à l'autre. De même, tous les éléments de la cuisine avaient été conçus pour qu'il puisse y avoir accès avec son fauteuil. Des espaces de travail étaient également prévus à hauteur normale pour Claire.

Le premier étage de la maison était réservé à Nathan et à sa maman. Fabrice n'y aurait jamais accès. Même s'il remarchait un peu, péniblement, il était hors de question qu'il gravisse un escalier. Mécaniquement, il pourrait peut-être y parvenir un jour, mais le risque de chute était bien trop grand.

Nous avions bien pensé équiper l'escalier d'un fauteuil ascensionnel mais, là encore, vu les handicaps cumulés de Fabrice, il y avait danger. Il fallait renoncer à ce projet, même si nous savions que ce serait un choc psychologique pour Fabrice de ne pas pouvoir accéder à toutes les pièces de sa maison, en premier lieu à la chambre de son fils et à sa salle de jeux. Mais il fallait bien trancher, même si les décisions étaient douloureuses.

Et parfois capitales.

Car il était inutile de se voiler la face : Claire devait faire chambre à part. Il lui était devenu impossible de partager le lit de son mari victime, entre autres, d'insupportables incontinences que des appareillages complexes ne suffisaient pas toujours à endiguer. Il est difficile d'évoquer ce genre de problèmes mais cela est nécessaire pour bien comprendre les ravages du handicap au sein d'une famille.

À trente-cinq ans, Fabrice était incontinent et impuissant. Son cerveau ne commandait plus, pour l'instant, les fonctions sexuelles. Cela le perturbait. Le sexe revenait régulièrement dans ses propos. Il l'évoquait à la façon d'un gamin dans une cour de récréation. Les séquelles du traumatisme crânien sont terribles à supporter car l'adulte que vous avez en face de vous n'est plus le même, ne sera plus jamais le même. Il a disjoncté comme ces machines qui, brusquement, s'emballent ou font n'importe quoi parce que, quelque part, un composant a lâché.

Fabrice pouvait aborder n'importe quel sujet avec nous mais il n'avait plus aucun recul. Son pouvoir de raisonnement était faible, il n'y avait aucun suivi dans sa conversation. Il oubliait en quelques secondes tout ce que nous venions de lui dire et se montrait incapable de la moindre concentration. Il est impossible d'admettre que, du jour au lendemain, ce fils que vous avez connu gai, dynamique, plein de projets, n'est plus qu'un être passif et sans idée. Il n'est plus le même, plus l'enfant que vous avez élevé, le mari que vous avez aimé : c'est un autre, un inconnu que vous devez accepter, une enveloppe vide dans laquelle on vous assure que l'être cher continue à vivre. À vivre... Oui, certainement, mais dans un monde maintenant si éloigné du vôtre qu'il vous faut puiser au plus profond de votre amour, de votre morale, pour l'y rejoindre.

Il est évident qu'en décidant d'installer sa chambre à côté de celle de son fils, au premier étage, Claire pensait à tout cela, à ce qu'allait être sa vie, sa vie de femme, sa place dans la société. Nous y pensions tous, toujours, et le quotidien, sans cesse, nous rappelait que nous n'étions plus aux normes.

Dans les premiers temps, Claire a mis un point d'honneur à s'occuper de Fabrice dès qu'il arrivait à Pontault, le vendredi soir, pour passer le week-end. Elle l'associait à toutes ses activités, lui faisait faire de longues balades, l'emmenait même dîner chez des amis. Elle s'est épuisée dans ces marathons inhumains auxquels elle a fini par renoncer tant ils posaient de problèmes.

Il lui fallait préparer Fabrice avant chaque sortie, puis, seule, l'installer dans la voiture alors que, depuis son accident, il avait pris vingt kilos de plus. Si elle se rendait chez des amis, Claire devait ensuite s'assurer que leur immeuble disposait d'un ascenseur suffisamment large pour que le fauteuil roulant puisse y entrer. Sinon, il fallait prévoir une chaise et des volontaires pour hisser Fabrice par l'escalier jusqu'à l'appartement. La première fois, les bonnes volontés ne manquent pas, mais on se lasse et, très vite, l'on ne se bouscule plus pour inviter les Chevalet à sa table. Trop compliqué.

Si compliqué que Claire, elle non plus, n'avait plus envie de ces sorties, de ces dîners. À chaque fois, malgré la compassion et la gentillesse de ses amis, elle sentait bien que la présence de Fabrice alourdissait l'atmosphère, qu'elle gênait. Ne disposant plus de toutes ses facultés mentales, Fabrice intervenait brusquement dans les conversations pour placer une banalité, bien souvent hors sujet, ou demander qu'on le mène aux toilettes. Cette « corvée » demeurait la hantise de Claire qui devait alors se débrouiller seule ou, dans le meilleur des cas, avec l'aide du maître de maison, pour aider son mari à satisfaire à ses besoins. Elle en éprouvait une honte indescriptible car, bien souvent, une douche partielle était ensuite nécessaire. Ces scènes étaient insupportables pour tous, et c'est finalement avec soulagement que Claire a vu les invitations se raréfier. Pour s'aérer, ne pas se couper totalement de ses amis, elle nous demandait, quelquefois, de prendre Fabrice en charge un week-end, ce que nous faisions volontiers, sachant très bien à quel point sa vie était contraignante et difficile.

Notre société n'est pas prête à accueillir les handicapés. On se donne bonne conscience à l'occasion d'une quête, d'un Téléthon, mais le handicap dérange. Qu'on le veuille ou non, l'apparition d'un fauteuil roulant dans un restaurant jette toujours un froid, et la vue d'un aveugle planté au pied d'un feu de signalisation met mal à l'aise, même si l'on constate une évolution des mentalités dans ces domaines.

J'ai ressenti cette gêne viscérale, physique, lorsque j'ai accompagné Fabrice chez le coiffeur.

Le brave homme qui nous a reçus était charmant, il nous a aidés sans rechigner à installer le fauteuil roulant. Puis il a commencé à couper les cheveux de Fabrice lorsque, brusquement, je l'ai vu se liquéfier, me jeter des regards désespérés sans oser prononcer un mot. Bloqué, le ciseau en l'air. Je ne comprenais pas ce qui se passait et je me suis approché : le coiffeur venait de découvrir le creux large comme une main déformant la boîte crânienne de Fabrice, l'absence d'os à cet endroit, et il n'osait plus toucher à cette peau fragile, de peur de la percer. J'avais beau lui expliquer qu'il n'y avait aucun risque, sa main tremblait et quand, sa tâche terminée, il m'a raccompagné jusqu'à la porte, j'ai deviné dans ses yeux qu'il me suppliait de ne jamais revenir.

Quelque temps plus tard, après avoir eu toutes les peines du monde à trouver un cabinet dentaire accessible en fauteuil roulant, je découvris aussi les difficultés que rencontre un dentiste pour soigner un aveugle. Ne voyant pas ce qui se trame autour de lui, celui-ci a peur et ses réflexes sont imprévisibles. Il faut lui parler en permanence.

Tous les jours, les proches des handicapés sont confrontés à ce genre de situations auxquelles viennent s'ajouter, encore et toujours, les incessantes tracasseries administratives. J'imaginais alors le calvaire qu'aurait dû vivre Claire si ses parents, ma femme et moi n'avions pas été là pour l'aider dans ces multiples démarches et obligations.

Depuis que Fabrice était installé à Marly durant la semaine et que nous le récupérions pour le week-end, c'est son transport qui posait problème. Trouver un taxi médicalisé, agréé par la Sécurité sociale, qui accepte, le vendredi soir, puis le dimanche soir, le trajet Marly-Pontault n'est déjà pas aisé mais, de plus, le système de remboursement est si complexe qu'il décourage les chauffeurs les plus conciliants. Pour effectuer ce trajet, il faut, en effet, traverser la Seine-et-Marne, Paris, et les Yvelines, et dans chacun de ces trois départements les indices de remboursement sont différents, si bien que le chauffeur doit attendre que les fonctionnaires aient terminé leurs calculs pour être payé, ce qui prend quelque trois mois. Les déplacements de Fabrice étant réguliers et toujours parfaitement identiques on aurait pu imaginer que le dédommagement serait établi une fois pour toutes et reconductible. Eh bien non ! À chaque fois il faut demander et justifier.

Le « must » revient au propriétaire d'un taxi qui a attendu plus de trois mois avant d'être remboursé. Motif : la personne qui s'occupait du dossier au centre de Lognes était en congé de maternité. À la question : « Mais quelqu'un d'autre pourrait prendre le relais ? » il a été répondu : « Le dossier est dans un placard fermé à clef, et la personne est partie avec la clef. » Texto. Ubu est encore de ce monde. Quel mépris pour les gens ! Quel mépris pour les handicapés alors qu'on se targue d'être au service du public !

Bref, tout cela devient si compliqué que, bien souvent, nous devons, soit transporter nous-mêmes Fabrice, ce qui n'est pas simple dans un véhicule non équipé, soit faire appel à une ambulance lorsque les chauffeurs de taxi se défilent et que nos activités nous interdisent de les suppléer. La facture est alors plus élevée et la Sécu nous demande de prouver que nous n'avions pas d'autre solution. C'est d'autant plus irritant que cet organisme se fait lui-même rembourser les frais engagés par l'assurance automobile de la partie adverse. Mais la procédure est ainsi faite, il n'est pas question d'en changer une virgule, nous devons nous y soumettre alors que le handicap de notre fils est bien présent.

Tous les mardis et les jeudis soir je passe ainsi saluer Fabrice à Marly, après son dîner. J'essaie de le faire parler de sa journée mais j'ai toujours énormément de mal à le détourner de ses misères. Afin de mieux cerner ses difficultés je m'oblige à marcher à ses côtés en fermant les yeux. Je constate alors que je me dirige mieux que lui parce que j'ai pu visionner les lieux et les objets en place au préalable et, surtout, qu'au moindre obstacle imprévu j'ouvre instinctivement les yeux, réflexe primaire dont Fabrice est privé. Je comprends alors mieux cette rage devant son impuissance.

Un jour, alors que je m'installe à côté de lui dans le petit salon où il m'attend, il me demande :

– Ça fait combien de temps que je ne t'ai pas vu ?

Un peu surpris et inquiet je lui dis :

– Tu le sais bien, je suis venu il y a deux jours, comme d'habitude.

– Je sais, mais je te demande depuis combien de temps je ne t'ai pas vu ?

Mal à l'aise, je lui rappelle la date de l'accident, le 21 août 2001, ce jour maudit où il a perdu la vue et, après avoir réfléchi un court instant il enchaîne :

– Tu as peut-être les cheveux tout blancs… Et Nathan ? Il doit être grand, mon fils, maintenant. Mais je ne le vois pas grandir… Comment est-il ?

Ce soir-là Fabrice n'en dira pas plus. Lorsque je l'accompagne jusqu'à son lit je le sens terriblement déprimé.

Pourtant, les médecins constatent des progrès dans tous les domaines. Psychologiquement, Fabrice commence à accepter l'idée qu'il ne verra plus jamais. En arrivant à Marly, il s'obstinait à se définir « mal-voyant ». Quelques semaines plus tard, il s'était considéré comme « non-voyant », et maintenant, il se dit « aveugle ».

Pour le psychologue de l'établissement, ce sont là des étapes importantes qui devraient l'apaiser, l'équilibrer.

Fait nouveau : Fabrice reconnaît aussi qu'il accomplit des progrès, qu'il va mieux, même si j'ai l'impression qu'il n'en est pas très convaincu et ne fait que répéter ce qu'on lui affirme de tous côtés pour qu'on cesse de l'importuner avec ça. À la différence des autres pensionnaires du centre qui cherchent à améliorer leurs conditions de vie, Fabrice est peu motivé. Il manque de volonté. Cette situation est propre aux traumatisés crâniens lorsque les lobes frontaux sont touchés. Petit à petit, il s'initie pourtant au braille, qui lui permettrait de lire et de meubler ses journées. Mais a-t-il vraiment le désir de lire ?

Plutôt que de lui imposer l'enseignement de l'alphabet des non-voyants dont il n'a, semble-t-il, que faire, les éducateurs ont préféré lui apprendre à écrire sans voir, en traçant de sa main valide les lettres qui lui sont familières.

Un matin, j'ai ainsi reçu un courrier qui m'a bouleversé. Des petits bâtonnets dansaient devant mes yeux, formant des mots mal ajustés :

« Mon cher papa,

» La chose dont je suis le plus fier depuis que je suis né, c'est d'être ton fils. »

En lisant ce message, les larmes me sont venues aux yeux. J'ai ressenti, je pense, une émotion semblable à celle de ces mamans qui s'émerveillent lorsque leurs petits sautent sur leurs genoux le jour de la Fête des mères en criant : « Maman, je t'ai fait un dessin ! »

Moi aussi j'avais mon cadeau, ces quelques mots d'amour naïvement tracés. Mais mon petit à moi avait trente-cinq ans et, quelques mois plus tôt, il avait envisagé d'acheter une poissonnerie industrielle. J'étais pourtant planté là à lire et relire sa courte lettre, parce qu'elle traduisait le fruit de ses efforts pour réapprendre à vivre. Elle témoignait des progrès qu'il accomplissait pour tenter d'exister.

Tout comme il parvenait, tant bien que mal, à écrire, Fabrice réussissait aussi, petit à petit, à s'habiller presque sans aide, et à marcher seul de la salle à manger jusqu'à l'ascenseur qui menait à sa chambre. Tout juste dix mètres à parcourir, mais il avait fallu six mois pour les gagner. Pour parvenir à ce résultat, les médecins et les éducateurs avaient décidé, un jour, de lui confisquer son fauteuil roulant.

Grognements, mauvaise humeur, Fabrice a fini par se faire une raison et a compris que c'était pour son bien. Seul l'effort paie. C'est le secret de la réussite dans la rééducation. Mais les traumatisés crâniens sont, souvent, dépourvus de volonté, ce qui explique la lenteur des progrès.

Quoi qu'il en soit, ces quelques pas récupérés constituaient un progrès considérable et soulageaient énormément Claire durant les week-ends. Fabrice n'était certes pas autonome mais, au moins, pouvait-il effectuer seul quelques petits déplacements dans la maison.

Malgré cela nous constations que notre belle-fille supportait de plus en plus mal sa nouvelle condition de « femme de handicapé ». Nous avions conscience que sa vie était devenue un enfer.

Lorsque Fabrice avait quitté l'hôpital du Val-de-Grace le professeur Desgeorges m'avait prévenu : « Le traumatisme crânien dont souffre Fabrice va entraîner de très graves dysfonctionnements. Cela va être très dur pour vous. Vous allez passer par toute une série de sentiments, de l'espoir au désespoir, de la joie au découragement. Il va vous user. C'est Fabrice qui est handicapé. Lui supportera son handicap. Vous, à la longue, vous le rejetterez. »

Un an a passé. Ces mots résonnent encore dans ma tête. Avec du recul, comme il avait raison !

Vivre au quotidien avec un handicapé use, lamine, détruit, comme ces filets d'eau qui, jour après jour, insidieusement, érodent les montagnes. Très vite on bascule dans le monde de l'exaspération parce que plus rien n'est rationnel. Plus rien n'est normal. Parce que c'est le quotidien à vie, sans espoir de revenir en arrière.

La première fois que Fabrice a renversé son verre à table, qu'il a taché sa chemise en mangeant, ou même fait glisser son assiette à terre, Claire a tout remis en ordre sans rien dire, jurant même que ce n'était pas grave pour rassurer son mari. Mais lorsque les mêmes incidents se répètent à chaque repas, vous obligeant à chaque fois à vous déplacer, à nettoyer, il arrive un moment où vous n'en pouvez plus, où vous explosez et, oubliant le handicap, vous hurlez : « Mais bon sang, fais attention, essaie de manger correctement… »

Et c'est le drame, les cris, la dispute, quelquefois ponctuée par une crise d'épilepsie dont Fabrice est aussi coutumier, ce qui n'arrange rien.

À chaque moment de la journée, il faut ainsi veiller et s'attendre à tout instant à une catastrophe. Le matin, il faut vérifier l'état des draps, voir si une couche n'a pas glissé. Si c'est le cas, tout changer, nettoyer la literie. Dans la salle de bains, il faut s'assurer que les robinets sont bien fermés. Qu'il n'y a pas d'accident dans les toilettes. Rien de renversé dans la cuisine. Vérifier encore et toujours que chaque objet est parfaitement à sa place afin que Fabrice retrouve ses marques dans la maison. Aucune fantaisie n'est possible, aucune chaise, aucun fauteuil ne doit être déplacé au risque de faire trébucher Fabrice ou de le perturber dans ses déplacements hasardeux. Même Nathan est consigné en permanence dans la salle de jeux du premier étage afin qu'il ne laisse pas traîner un jouet à terre. Comme sa maman, il se détache chaque jour un peu plus de ce « papa devenu inaccessible ».

Lorsque nous sommes présents, nous encourageons notre petit-fils à venir jouer avec son père, mais très vite il se lasse. Bien trop petit pour comprendre que Fabrice ne voit pas, il s'énerve lorsqu'il lui tend un jouet qu'il ne parvient pas à saisir, et se fâche lorsqu'il demande : « Ça marche pas, c'est les piles ? »

Pour Fabrice, c'est devenu mission impossible.

L'enfant traduit cela par du désintérêt et s'en va jouer ailleurs.

Fabrice réalise bien que son petit Nathan lui échappe. Un jour, il m'a demandé : « Tu crois qu'il aura honte de moi ? Je ne pourrai jamais aller l'attendre à la sortie de l'école. Il ne voudra pas. Ses copains se moqueront de lui ! »

J'ai été incapable de répondre à cette question, car je n'avais jamais envisagé cette situation. J'aurais aimé jurer à Fabrice que Nathan sera au contraire heureux qu'il vienne le chercher. Mais j'en étais si peu convaincu moi-même que les mots auraient sonné bien faux.

En fait, derrière cette remarque se dissimule tout le problème de la reconnaissance du handicap par l'autre. Nathan n'aura plus jamais un papa comme les autres enfants. Il ne connaîtra pas les joies de la vie de famille normale. En un mot, sa vie aussi est brisée. Reste à faire en sorte qu'il ne renie jamais son père. Nous y veillons tous. Mais il faut envisager le pire, comme la défection de Claire, la rupture et peut-être le divorce. Ma belle-fille est épuisée. Elle fait dépression sur dépression, ce qui n'a rien d'étonnant lorsque votre vie de femme mariée bascule dans le néant. Aucune carapace, aucun amour, ne peut résister à de tels coups. L'avenir de Claire est peut-être encore plus sombre que celui de Fabrice. Quelquefois, certaines de ses réflexions trahissent sa pensée : « On s'occupe de Fabrice. Mais moi ? Qui s'occupe de moi ? De mon fils ? Qu'allons-nous devenir ? Comment allons-nous nous organiser pour vivre ? L'assurance m'a proposé quinze mille euros de dédommagement pour subvenir aux besoins de Nathan ! Voilà le prix de la vie d'un gosse. C'est honteux. Quinze mille euros… »

Et après ? Oui, après ? Il faut bien y penser. Fabrice va toucher des indemnités. Une pension. Mais le couple ne peut plus faire aucun projet. La vie de Claire est à jamais figée. Liée à celle d'un mari lourdement handicapé. À moins d'être une sainte, on peut imaginer qu'elle prendra un amant un jour ou l'autre, ou qu'elle quittera Fabrice ! Qui pourrait se permettre alors de lui jeter la pierre ?

Le scénario me paraît écrit d'avance. Nous l'avons même évoqué honnêtement avec Claire, qui n'a pas caché que c'était vraisemblable. Elle nous a alors fait cet aveu qui la torturait : « Je culpabiliserai toute ma vie. Je suis condamnée, soit à me flétrir, à étouffer, à mourir à petit feu, soit à me reprocher jusqu'à ma mort d'avoir abandonné mon mari au pire moment… »

Nous lui avons promis de trouver ensemble une solution qui permettrait de ménager Fabrice et de sauvegarder sa vie de mère et de femme.

Christophe, ma femme et moi appréhendons l'avenir. Nous ne sommes pas immortels. Que deviendra Fabrice après nous ? Car force est de reconnaître que peu de choses ont été prévues à ce niveau.

Qui va s'occuper de lui ? Comme il a besoin, à temps complet d'une aide ménagère, qui va assumer ce rôle ? Les textes disent que vous avez droit à une assistance et l'indemnisation doit en tenir compte, mais dans les faits, tous les handicapés lourds savent qu'il est très difficile, voire impossible de trouver ces personnes. Il est vrai que c'est un travail très prenant, parfois ingrat. Il est vrai que c'est une surveillance de tous les instants. Il est vrai que les contacts humains sont parfois réduits à des banalités. Mais il est également vrai qu'il faut trouver des personnes ayant l'habitude de ce genre de malades, des gens en qui on doit avoir une absolue confiance car ils vivront en permanence, quasiment vingt-quatre heures sur vingt-quatre, aux côtés d'un impotent. Trouver enfin des femmes, des hommes, qui sachent occuper le malade, le sortir, discuter avec lui. Sachant que, de surcroît, Fabrice est aveugle. Les possibilités de distraction sont donc réduites.

Imaginez un instant que Claire quitte Fabrice : il va alors se retrouver seul dans sa maison avec une aide ménagère ! « Tu verras, me disait Michel Desgeorges, au final, ils se retrouvent toujours chez les parents. À moins qu'ils ne soient abandonnés dans des centres spécialisés. »

Surtout pas ! Au cours de mes reportages, j'ai eu l'occasion de visiter le centre de Berck. Rien n'est plus désolant que de voir ces silhouettes errer dans les couloirs, le week-end, en attendant une hypothétique visite de la famille.

2004 a été l'année du handicap. Il est temps de faire le bilan de ce qui a été fait et de ce qu'il reste à faire. Vaste programme.

Chapitre 5

Cacher les handicapés

Au mois de juillet 2004, Jean-Pierre Raffarin a présenté à l'hôpital de Garches, où sont dirigés tous les grands accidentés de la route, la « Charte d'accueil des familles de victimes de la violence routière dans les établissements de santé ». Passée quasiment inaperçue car peu médiatique, cette démarche était pourtant importante.

Enfin, on prenait conscience, au plus haut niveau, du désarroi et de l'immense détresse des familles qui apprennent, en arrivant à l'hôpital, que l'un des leurs est très grièvement blessé, qu'il restera certainement infirme, ou même qu'il est mort.

Ce choc est terrible et, enfin, on mettait en place les indispensables mesures d'accompagnement physique et psychologique qui allaient aider les familles à surmonter cette épreuve. Ce n'était pas un luxe.

Cette charte, certes, ne va pas résoudre tous les problèmes, mais elle donne le ton, indique de nouvelles orientations. C'est un premier et grand pas.

Chirurgien à l'hôpital de Garches, et pilote de la « Mission handicaps », créée il y a cinq ans par l'Assistance publique, le Dr Philippe Denormandie se félicitait, ce jour-là, de l'initiative du gouvernement : « Maintenant nous allons disposer d'un cadre, nous allons pouvoir nous appuyer sur un texte de référence pour réorganiser les services. »

Invité à ce rendez-vous, j'appréciais moi aussi ces règles nouvelles car je n'oublierai jamais mon arrivée à l'hôpital du Kremlin-Bicêtre, le lendemain de l'accident de mon fils, avec ce sentiment de total abandon face à une situation qui me submergeait.

Personne pour m'accueillir, m'orienter, m'expliquer, me rassurer, me préparer au pire… Rien ! Un désert médical et administratif.

Ce sont ces graves lacunes que Jean-Pierre Raffarin dénonçait et souhaitait combler en présentant cette charte élaborée par la directrice générale de l'Assistance publique, Rose-Marie Van Lerberghe, en collaboration avec des médecins, des infirmières, et des représentants des associations médico-sociales.

En six articles, le document précisait le rôle et les responsabilités de chacun, et rappelait à tous le respect de la dignité humaine, quelque peu perdue de vue. Voici ces six articles, qui paraissent évidents. Et pourtant…

Article 1

Après un accident de la voie publique, l'accueil à l'hôpital et l'accompagnement de la famille de la victime doivent faire l'objet des plus grandes attentions et de la plus grande délicatesse.

Article 2

Les conditions de l'annonce initiale et celles du premier entretien médical ont une grande influence pour la suite de la vie des proches et seront donc très étudiées.

Article 3

Ces procédures d'accueil, d'information et d'interventions relationnelles doivent faire l'objet d'un protocole écrit qui porte sur :

– la formalisation des conditions d'information initiale et continue et de leur contenu ;

– l'identification d'un local dédié à l'accueil et à l'attente des familles, confortable et apaisant ;

– l'identification d'un personnel dédié à cet accueil d'urgence et à l'accompagnement ;

– la présentation de la personne blessée ou décédée et la remise de ses effets personnels ;

– l'identification des interlocuteurs spécifiques, tant du côté des professionnels que du côté de la famille ;

– l'accompagnement dans les démarches de tous ordres.

Article 4

Les personnels ou bénévoles participant à l'accueil des familles des victimes doivent être formés spécifiquement.

Article 5

La relation sera complétée par la remise d'un « livret d'information pour les familles de victimes d'accident », annoté et complété de façon personnalisée.

Article 6

Le relais avec la poursuite de l'accompagnement de la famille dans le temps, si elle est nécessaire, doit être organisé.

Voilà les grands axes de travail et de réflexion définis par la charte. Il convient maintenant de les détailler afin de voir ce qui ne fonctionne pas actuellement, et quelles sont les améliorations à apporter.

Reprenons.

Article 1. *Après un accident de la voie publique, l'accueil à l'hôpital et l'accompagnement de la famille de la victime doivent faire l'objet des plus grandes attentions et de la plus grande délicatesse.*

C'est en effet la moindre des choses. Pour avoir connu ces instants je peux témoigner de la douleur, de l'anéantissement des familles en cette circonstance. Mon ami le Dr Denormandie parle de « sidération ». La catastrophe vous tombe tellement sur la tête que vous vous trouvez dans un état second dont les médecins et les infirmières doivent tenir compte, car vous perdez alors votre capacité d'écoute et vos jugements de valeur. Les mots n'ont plus le même sens pour vous, vous en minimisez ou en amplifiez la portée en fonction de vos craintes, de vos espoirs, ou de vos doutes.

En arrivant à l'hôpital, les familles veulent savoir, et si un médecin leur assure que lui-même ne sait pas, elles ne comprennent pas, elles ne le croient pas, elles voient un refus d'informer là où l'urgence du moment, les incertitudes des interventions et des investigations en cours interdisent tout pronostic.

Les chirurgiens se trouvent alors en période de crise, ils parent au plus pressé, sauvegardent les fonctions vitales, répertorient ce qui peut être sauvé et ce qui est définitivement perdu. À ce stade, il est absolument impossible de déterminer les séquelles de l'accident. Il faudra plusieurs jours pour en avoir une idée plus précise.

Les médecins ne sont pas devins, leur savoir a des limites, mais les familles plongées dans l'angoisse, l'anxiété, ne peuvent l'admettre. Elles exigent une information et il importe alors de la leur donner. Le contexte d'urgence ne doit pas être considéré comme un argument pour se dispenser de la délivrance d'une information orale, globale, expliquant la situation avec des mots simples accessibles à tous, et adaptés à la capacité émotionnelle de chacun.

Car le problème est bien là. Avant d'expliquer, le médecin doit, dans un premier temps, évaluer ce que les familles sont prêtes à entendre, et en tenir compte dans son discours. Il est évident qu'aucune famille ne ressemble à une autre. Certaines sont même « complexes ». Si l'information fournie par le praticien est entendue, elle ne sera pas forcément interprétée, voire comprise, de la même façon par tous.

Il ne faut pas perdre de vue que les termes médicaux sont d'autant plus étrangers à ces gens qu'ils se trouvent en état de choc.

« Votre fils souffre d'un traumatisme crânien… » Bien. C'est quoi un traumatisme crânien ? Tout le monde connaît plus ou moins ce terme, mais que recouvre-t-il, que dissimule-t-il exactement ? S'agit-il d'une grosse bosse ? Est-ce plus grave ? Très grave ? Est-ce que cela se soigne, ou faut-il s'attendre à des séquelles irréversibles ?

Le médecin doit anticiper ces questions. La nouvelle charte l'y invite.

Article 2. *Les conditions de l'annonce initiale et celles du premier entretien médical ont une grande influence pour la suite de la vie des proches et seront donc très étudiées.*

En effet, le médecin doit peser ses mots, bien faire comprendre aux familles qu'il est trop tôt pour faire un bilan, tout en les préparant à de mauvaises nouvelles. Elles ne doivent pas se nourrir d'espoirs fous mais au contraire intégrer qu'elles vont avoir à gérer dans le temps une situation extrêmement pénible. Ce premier contact va définir le cadre des futurs rapports médecin-famille, et il est indispensable d'établir un climat de confiance qui permettra d'optimiser la rééducation du patient et de favoriser l'accompagnement des proches.

Article 3. *Ces procédures d'accueil, d'information et d'interventions relationnelles doivent faire l'objet d'un protocole écrit qui porte sur :*

– La formalisation des conditions d'information initiale et continue et de leur contenu.

C'est-à-dire que les responsables et les personnels des services d'urgence des hôpitaux ne pourront plus n'en faire qu'à leur tête, voire ne rien faire du tout, en matière d'accueil et de suivi de l'information médicale. Ils devront maintenant s'en tenir à un texte et respecter une procédure.

– L'identification d'un local dédié à l'accueil et à l'attente des familles confortable et apaisant.

Voilà un point extrêmement important. Il n'est pas rare aujourd'hui que des familles apprennent le décès d'un fils, d'une fille, d'un père ou d'une mère, debout dans le couloir lugubre d'un hôpital, ou dans une salle d'attente surpeuplée interdisant toute intimité. Bienheureux quand elles ne sont pas prévenues par un coup de téléphone. C'est inadmissible. Dorénavant, l'annonce du décès, ou de la gravité des blessures, ne devra même plus se faire dans le service d'admission mais dans un local exclusivement prévu à cet effet. Chaque hôpital devra en être doté et son aménagement devra respecter scrupuleusement le cahier des charges établi par la charte.

Installée à l'écart des circuits des patients et des visiteurs, isolée des bruits du service, cette pièce devra être peinte dans des tons apaisants et éclairée par une lumière douce et diffuse. Elle sera meublée de fauteuils confortables, d'un canapé sur lequel pourra s'allonger, le cas échéant, une personne défaillante, et d'une petite table basse sur laquelle on pourra déposer dossiers, documentation et papiers personnels. Pas de bureau ni de placards de rangement, l'endroit devra faire oublier l'administration pour privilégier l'intimité et le recueillement. Ce sera une règle absolue. C'est dans ce décor que les personnes chargées de l'accueil se présenteront aux familles clairement et nommément.

– *L'identification d'un personnel dédié à cet accueil d'urgence et à l'accompagnement.*

Ce manque d'identification m'avait choqué lorsque j'étais arrivé à l'hôpital après l'accident de Fabrice. Il était anormal que je ne sache à qui m'adresser pour trouver ne serait-ce que la chambre de mon fils, que je sois obligé de frapper à toutes les portes pour trouver quelqu'un capable de me l'indiquer. Une personne sera maintenant spécialement assignée à l'accueil de la famille dès que celle-ci aura franchi le seuil du service, et elle la guidera jusqu'au salon d'attente pour la préparer à l'étape suivante :

– *La présentation de la personne blessée ou décédée et la remise de ses effets personnels.*

Là encore, la réorganisation prévue dans ce domaine devrait combler un vide et éviter les scènes terribles auxquelles on assiste dans les salles d'attente où l'on voit brusquement une infirmière courir à la recherche d'une chaise afin d'asseoir une personne qui vient de s'évanouir au milieu de patients et de visiteurs indifférents. À peine est-elle remise sur pied qu'on la laisse se diriger vers la chambre de la victime en s'enquérant seulement de son état d'un vague : « Ça va aller ? »…

Un choc encore plus rude attend pourtant le malheureux parent dans la chambre.

Dans les chambres mortuaires, c'est encore pire lorsqu'il s'agit de montrer le corps de la victime à sa famille. Bien souvent, celui-ci n'est plus présentable. En temps normal, le personnel de la morgue tente de remodeler le visage, de masquer les membres mutilés, pour ne laisser apparaître que les parties du corps à peu près préservées, mais il arrive que, par manque de temps, manque de personnel, ou négligence, ces préparatifs ne soient pas effectués, ou qu'ils soient bâclés. On inflige alors aux familles une vision qui les poursuivra toute leur vie en leur présentant un cadavre qu'elles identifient à peine.

De même, les agents des hôpitaux n'imaginent pas le mal qu'ils peuvent causer aux familles lorsqu'ils leur remettent les effets personnels de la victime enfournés sans précaution dans ce qui ressemble bien à des sacs-poubelle. Pour les proches, il s'agit là de biens précieux, affectifs, et ils supportent mal qu'on les traite avec autant de négligence et de désinvolture, qu'on leur rende ainsi les affaires de l'être aimé comme s'il s'agissait de vieilles frusques bonnes à jeter. Des sacs compartimentés spécialement conçus pour recevoir dans différentes poches vêtements, bijoux, argent et papiers vont donc être distribués dans tous les services d'urgence des hôpitaux.

Enchaînons :

– L'identification des interlocuteurs spécifiques, tant du côté des professionnels que du côté de la famille.

En gros, qui va parler à qui. Chaque partie va désigner son référent, son porte-parole, et chacun va ainsi gagner du temps. En cas de problèmes, les services médicaux, ou sociaux, doivent savoir qui contacter. S'il y a urgence, les médecins, les infirmières ou les assistantes sociales doivent pouvoir joindre immédiatement la personne apte à prendre une décision. À l'inverse, ce porte-parole familial doit connaître, lui aussi, ses interlocuteurs au sein de l'hôpital. Ils doivent être clairement référencés afin que leur correspondant ne soit pas trimbalé de poste en poste lorsqu'il cherche à les contacter. S'il fonctionne bien, ce système relationnel permettra d'éviter les malentendus et les fausses informations. En effet, faute d'interlocuteur défini et joignable, les familles interrogent bien souvent le premier qui passe à leur portée pour connaître l'évolution d'une blessure, d'une rééducation. Moyennant quoi, elles obtiennent les informations les plus farfelues et les plus contradictoires, ce qui ne fait qu'augmenter leur trouble et leur inquiétude. Les proches rentrent alors chez eux avec la certitude que « l'hôpital, c'est le foutoir, ils ne sont même pas fichus d'être d'accord entre eux ». Ils en déduisent alors que, dans ces conditions, leur blessé aura du mal à s'en sortir.

À l'inverse, certaines familles recherchent au contraire des informations contradictoires afin de se rassurer en constatant que rien n'est certain. Dans un cas comme dans l'autre, le procédé est malsain.

Il faut donc à tout prix donner aux familles un sentiment de collégialité et de consensus au sein de l'équipe médicale, ce qui valorise d'ailleurs son rôle et harmonise le degré de connaissance de la situation auprès des proches du blessé. Et pour cela il faut recentrer les informations sur des personnes parfaitement identifiées qui vont les répercuter vers les familles et les aider à les assimiler.

– *L'accompagnement dans les démarches de tous ordres.*

Il s'agit là en fait de préparer le terrain pour l'assistante sociale en indiquant aux familles, lors de leur accueil, les démarches qu'elles vont avoir à entreprendre, les pièces qu'elles vont devoir fournir pour constituer leurs dossiers. C'est un gain de temps et un débroussaillage très appréciable pour l'assistante sociale. Reste à définir qui se chargera de cette mission.

Article 4. *Les personnels ou bénévoles participant à l'accueil des familles des victimes doivent être formés spécifiquement.*

C'était l'un des points les plus délicats à régler. Non pas à cause de la formation nécessaire, mais à cause du manque de personnel et de l'organisation particulière de cette nouvelle structure. Former un médecin ou une infirmière à l'accueil des familles ne pose aucun problème. Ils sont déjà largement préparés à ce genre de situation et n'ont qu'à mettre en pratique ce qu'on leur a appris durant leurs études. La difficulté n'est pas là, elle réside, en premier lieu, dans le caractère imprévisible de l'accident.

Fort heureusement, les grands blessés ne défilent pas à longueur de journée dans les services d'urgence des hôpitaux. Dans ces conditions, on ne peut pas laisser une personne de permanence, vingt-quatre heures sur vingt-quatre, à un poste d'accueil des familles. D'une part, elle s'y ennuierait à mourir et, d'autre part, à l'heure où l'on manque cruellement de médecins et d'infirmières, on ne peut les soustraire de leurs tâches premières. Impossible donc de créer un poste spécifique. Les responsables de la Santé ont donc décidé que certains soignants recevraient effectivement une formation complémentaire en vue de l'accueil des familles, mais qu'ils ne réceptionneraient celles-ci qu'en fonction de leurs disponibilités. Dans la mesure du possible ce sont ces personnels hospitaliers qui officieront mais, s'il y a vraiment impossibilité, il sera alors fait appel à des bénévoles, ou à des religieux, eux aussi spécialement formés, et qui s'engageront à répondre à un éventuel appel à toute heure du jour ou de la nuit.

Trouver des volontaires ne devrait pas être trop difficile. Plusieurs associations se consacrent déjà à l'accompagnement à la mort, tant auprès des mourants que de leurs familles, et leurs adhérents devraient être sensibles à cette proposition de soutien psychologique aux proches des victimes d'accidents.

Les prêtres, et les officiers du culte en règle générale, devraient également répondre présent, ainsi que bon nombre de membres d'associations caritatives, de la Croix-Rouge, du Secours catholique... La mise en place du service d'accueil et de soutien aux familles ne peut se concevoir qu'avec ce renfort.

Article 5. *La relation sera complétée par la remise d'un « livret d'information pour les familles de victimes d'accident », annoté et complété de façon personnalisée.*

Il ne s'agira pas d'un gadget, d'un énième opuscule rébarbatif que l'on oublie sitôt rentré chez soi. C'est même pour que les familles ne le considèrent pas comme tel et le prennent réellement en compte que ce livret sera personnalisé. Sur la couverture on écrira à la main, devant les familles réunies au salon d'accueil, les noms de la personne hospitalisée et du médecin référent pour bien montrer qu'il s'agit d'un document officiel et non d'une brochure. En agissant ainsi, on affirme également à la famille qu'elle n'est pas « n'importe quelle famille ».

En fait, ce livret sera un guide pratique médical et administratif.

Médical tout d'abord, puisque ce guide proposera un lexique des principaux termes techniques, et détaillera de façon très simple et explicite les situations les plus courantes en réanimation, en neurochirurgie ou en traumatologie, ceci afin de faciliter les échanges entre le corps médical et les familles.

Guide administratif ensuite. On y trouvera un plan de l'hôpital, les différents moyens d'accès, les possibilités d'hébergement locales, les coordonnées du service, son organigramme, les horaires de visite, et les différentes possibilités pour obtenir un soutien psychologique, spirituel, associatif ou social, ainsi que les adresses, téléphones et fonctions des différentes structures médico-sociales et juridiques.

Cela peut paraître dérisoire et pourtant, j'aurais gagné beaucoup de temps si l'on m'avait remis un tel document lors de l'accident de Fabrice.

Article 6, enfin : *Le relais avec la poursuite de l'accompagnement de la famille dans le temps, si elle est nécessaire, doit être organisé.*

Oh oui ! Le relais doit être organisé car la poursuite de l'accompagnement est vraiment nécessaire. Elle est même primordiale, indispensable dans la plupart des cas, tant le handicap est lourd à porter pour tous ceux qui entourent le blessé.

La particularité du handicap, c'est qu'on ne peut espérer d'améliorations notables, sans pour autant prédire la mort à court ou moyen terme. C'est une pathologie très particulière qui n'évolue ni vers une guérison, ni vers un décès programmé, mais vers des séquelles définitives, lourdes, qu'il faudra assumer.

Il faut au moins trois mois avant que le blessé et sa famille en prennent pleinement conscience. C'est souvent en parlant avec des amis moins impliqués, disposant de plus de recul, qu'ils en ont la révélation. Le handicapé et surtout ses proches sont alors saisis de vertige lorsqu'ils se projettent dans le temps.

C'est là qu'il est nécessaire de mettre en place l'accompagnement de longue durée parce que, devant l'évidence du handicap à vie, l'invalide et les siens se révoltent brusquement. Ils ont l'impression que la médecine a failli, que tant de souffrances, d'opérations, d'heures de rééducation n'ont servi à rien, que les médecins n'ont pas su faire face.

Ils refusent ce handicap qu'on leur impose et il va falloir, non seulement leur apprendre à l'accepter, mais également à vivre avec. Et vivre avec, c'est lourd pour tous, très lourd ; physiquement et psychologiquement.

En effet, la famille, notamment en cas de traumatisme neurologique grave, acquiert paradoxalement deux statuts : celui de soignant devant entourer la victime, et celui de patient en raison du choc psychoaffectif. Il n'est pas évident d'assumer ces deux états sans casse. Très vite, la famille est usée, c'est la fratrie qui trinque et qui pète les plombs alors que le handicapé, finalement, s'adapte lentement à son nouveau statut.

Voilà bien le paradoxe : celui qui se retrouve cloué dans son fauteuil roulant n'est peut-être pas le plus à plaindre. Il est évident que sa situation n'est pas enviable, et que lui-même la déplore en permanence, mais il faut relativiser.

Et tout d'abord considérer que le handicapé a, dans la plupart des cas, été victime d'un traumatisme crânien qui a altéré ses facultés mentales. Il y a donc de fortes chances pour qu'il ne mesure pas totalement l'étendue de son handicap et qu'il s'accommode sinon parfaitement, du moins partiellement, de ses nouvelles conditions de vie. Or ses proches, eux, continuent à le voir « comme avant ». Il leur paraît inconcevable que leur fils, leur frère, leur père, qu'ils ont connu si dynamique, puisse supporter d'être, brusquement, privé de sa liberté de mouvements, d'être totalement dépendant.

C'est une réaction normale et pourtant, il y a une grande différence entre la façon dont les individus vivent leur handicap, et la façon dont leur environnement le vit.

Les lésions enregistrées modifient le processus de jugement du handicapé qui peut même trouver de nouveaux centres d'intérêt lui assurant une qualité de vie satisfaisante voire, pour certains, exceptionnelle.

Seulement voilà, ses proches essaient de réfléchir à sa place, et ils le font en fonction de son état avant l'accident, sans tenir compte des nouveaux paramètres. Ils ne peuvent que se tromper car ils n'intègrent pas que tous les repères du handicapé ont changé, qu'il ne vit plus dans la même sphère qu'eux.

Voilà pourquoi il faut se garder de considérer que le handicapé est malheureux parce que, bien portant, il disait : « Si je devais être comme cela un jour, je préférerais mourir. » Il est possible qu'il le souhaite toujours après l'accident, mais ce n'est pas certain, même s'il en exprime quelquefois le désir, comme c'est le cas pour mon fils. Il faut savoir que le taux de suicides chez les handicapés est inférieur à la moyenne nationale.

Alors, où est le mal-être ?

Eh bien, le mal-être est pour les autres, pour la famille, les proches. Il n'y a aucun doute. Tous les médecins, tous les psychologues le savent : les familles des handicapés passent par toutes les étapes du désespoir. Aux soucis matériels, aux fatigues physiques, s'ajoute une épuisante confusion des sentiments. Un soir on souhaite la mort de l'être cher et le lendemain on culpabilise, on a honte d'avoir osé l'envisager un instant. Jusqu'à la crise suivante où le spectre de la faucheuse se profile à nouveau avec toujours, en perspective, cette angoisse majeure : de toute façon que deviendra-t-il après moi ? Mais oui, que deviendra-t-il ? Qui s'en occupera ? Cette terrifiante interrogation augmente encore le malaise et, en ce domaine, il n'y guère de réponses. Les services sociaux sont démunis et le corps médical ne peut que constater son impuissance malgré sa récente volonté de pratiquer une médecine humaniste. Des mesures d'accompagnement sont définies, mais elles sont difficiles à mettre en place tant les situations sont délicates et personnalisées.

Jusqu'aux années soixante-dix, les médecins ne se posaient pas de questions, personne ne se préoccupait de l'aspect psychologique du problème. La médecine reposait sur le tout technique, le tout guérison, et ne s'encombrait pas du reste. Le parcours du handicapé était parfaitement balisé : il demeurait à vie à l'hôpital ou terminait ses jours dans un hospice. Il était vivant, c'était le seul point qui comptait.

Des associations de parents de handicapés ont bataillé dur pour mettre un terme à cette situation. Elles se plaignaient de la rigidité d'un système qui se limitait à une prise en charge de la personne sans tenir aucun compte du contexte familial et affectif. Elles exigeaient de nouvelles structures médico-sociales dont elles ont fini par obtenir la mise en place en 1975. Cette année-là, l'État a autorisé les associations représentatives et agréées à ouvrir et gérer des centres spécialisés subventionnés, et à faciliter le retour des handicapés à leur domicile en aidant à leur réinsertion.

Pour les parents des handicapés, c'était une formidable victoire et un énorme soulagement : « Nous avons arraché nos enfants de l'hôpital, clamaient-ils, nous avons à nouveau des projets de vie avec eux, nous avons mis un terme à une discrimination sociale, à une injustice, nous sommes libérés d'un énorme poids. »

C'était en partie vrai. Mais en partie seulement. En fait, les familles avaient obtenu la liberté de gérer leur malheur à leur guise et le droit d'endosser des soucis et des contraintes jusqu'alors dévolus aux personnels soignants. C'était leur seule et unique victoire. Moralement, humainement, elle était appréciable, indispensable. Mais matériellement, elle allait très vite causer d'énormes difficultés aux parents, car le handicap de leur proche allait dévorer leur vie, miner leur moral, détruire l'harmonie familiale, et finir par les déstabiliser mentalement.

C'est pourquoi il fallait impérativement accompagner ces nouvelles structures médico-sociales d'une aide psychologique aux familles et la maintenir dans le temps.

Cette orientation tout à fait nouvelle a mis plusieurs années à s'imposer parce qu'elle n'était pas évidente et bouleversait la culture médicale pure. Le médecin n'était plus seulement là pour soigner, il devait aussi se demander pourquoi il soignait, et conseiller des personnes placées face à des choix. Pour cela, il devait tenir compte, non pas de son seul jugement, de ses propres évaluations pour orienter ou décider, mais aussi du jugement du handicapé, de celui de ses proches et de leur comportement face à une situation donnée.

Exemple : le choix pour un handicapé d'intégrer un centre spécialisé ou de regagner son domicile.

Le médecin a sa propre interprétation de ce qu'est la vie avec un handicap. À la seule vue de ce handicap et des complications possibles qu'il entrevoit, il n'hésiterait pas à trancher d'un côté ou de l'autre parce qu'il maîtrise le problème. Mais le handicapé et sa famille peuvent voir les choses différemment. Le praticien ne peut les orienter en fonction de sa propre conception de la vie avec ce handicap, et des choix que lui-même ferait alors. Il se trouve, quelque part, dans la même situation que lorsqu'il doit prendre une décision face à une demande d'avortement. Sa conception personnelle du geste peut être expliquée à la patiente, mais doit s'effacer devant la décision de celle-ci car il s'agit d'un acte intime, dicté par des motifs ou des choix que le médecin ne connaît peut-être pas. Devant le handicap, il convient également, soit d'essayer de faire entendre ses propres arguments au handicapé et à ses proches, soit de les accompagner dans la voie qu'ils choisissent. En aucun cas il ne faut leur imposer un chemin qu'ils ne sauraient suivre et sur lequel ils s'égareraient.

Ce devoir de réserve est assez nouveau pour les médecins et certains n'en assimilent pas encore très bien le principe.

De même, il y a une vingtaine années, un chirurgien n'aurait pas hésité à entreprendre une opération lourde, même pour un résultat limité et discutable. C'était l'époque du : « Je sais faire, je fais. » On opérait pour gagner quelques centimètres d'amplitude dans un mouvement, ou récupérer quelques degrés de rectitude dans une position.

Aujourd'hui on se pose d'autres questions. Avant l'intervention, les médecins définissent les objectifs du handicapé et en fonction de ceux-ci ils établissent des priorités pour l'aider à les atteindre ou à s'en approcher.

Est-il utile de multiplier de longues, douloureuses et coûteuses opérations pour mettre debout, tant bien que mal, une personne qui préfère passer ses journées devant la télévision ? Il ne s'agit pas de cynisme mais d'une réelle réflexion. Plutôt que de se battre pour récupérer un soupçon de mobilité, d'autonomie, certains handicapés préfèrent la facilité du fauteuil et se satisfont de leur nouvelle condition. De quel droit devrait-on alors les obliger à récupérer à tout prix une infime parcelle de leurs capacités perdues en leur infligeant de nouvelles contraintes et de nouvelles douleurs ? Ils sont libres de disposer d'eux-mêmes et, dans ce cas, aucun médecin n'a le devoir de s'opposer à leur volonté.

En revanche, si un handicapé exprime clairement sa volonté de progresser, sa détermination de gagner petit à petit sur le terrain perdu, alors là, oui, il faut tout mettre en œuvre pour l'aider, l'encourager et lui proposer les innovations les plus hardies, les défis les plus fous. Ses objectifs seront sa raison de vivre, ses progrès donneront espoir aux plus timorés.

Nous sommes confrontés là à une logique individuelle dont les médecins doivent prendre la dimension. Face à la détermination du patient, il faut optimiser son corps à cent pour cent afin de compenser au maximum le handicap et anticiper sur d'éventuelles complications comme les infections ou les escarres.

La question qui se pose aujourd'hui n'est pas de savoir si l'on « sait » opérer, mais si l'on « doit » opérer, et pourquoi. C'est l'interrogation fondamentale des patients eux-mêmes.

Après un accident ou une maladie, ce n'est pas le handicap en lui-même qui les préoccupe le plus, mais ses conséquences sur leurs activités : « Est-ce que moi, Paul Dupont, je vais pouvoir continuer à m'occuper de mon jardin malgré mon handicap ? » C'est là la seule question. Si la réponse est oui, le patient s'accommode du handicap et refuse l'opération. Dans le cas contraire il la souhaite afin de pouvoir récupérer son activité.

Récemment, une femme paralysée, courbée en deux depuis des années, est ainsi venue consulter son chirurgien. Elle avait lu qu'une nouvelle technique opératoire permettait aujourd'hui de remettre son buste droit. C'était effectivement envisageable mais l'opération était lourde, complexe, hasardeuse, et entraînait une très longue et douloureuse rééducation. La patiente était prête à y faire face et son enthousiasme intriguait le médecin qui se doutait qu'il cachait autre chose.

Cette femme lui avoua alors qu'elle rêvait de pouvoir se rendre seule la nuit aux toilettes et, dans son esprit, se remettre droite constituait une première étape. En fait, elle n'admettait toujours pas le côté irréversible de son mal. Contre l'avis des médecins et leurs certitudes, elle s'accrochait à cet espoir qui la faisait vivre. Ce jour-là, son chirurgien n'a pas fermé la porte à ses illusions. Tout en respectant la vérité, il lui a dit :

– Madame, dans l'état actuel de nos connaissances médicales, vous ne pourrez plus marcher. Mais je suis incapable de vous dire si, dans vingt ans, trente ans, nous n'aurons pas découvert d'autres techniques. Je ne sais pas. Alors, si vous le souhaitez, nous pouvons opérer.

Ce médecin me confiera plus tard :

– S'il n'y a pas d'espoir, il n'y a plus de vie.

Cette intégration du facteur psychologique et de l'accompagnement du handicapé et de sa famille est donc acquise. Reste à l'appliquer et là, les vieux démons ressurgissent : manque de moyens, manque de personnel, mais surtout, manque d'idées et de coordination.

J'ai longuement discuté de ces problèmes avec des médecins, notamment le Dr Denormandie qui reste persuadé que l'argent n'est pas tout, qu'avec simplement plus d'imagination, de rationalité, et moins de bureaucratie, de cloisonnement, on pourrait déjà régler bien des problèmes.

La réforme du monde du handicap prendra du temps car il est lourd et complexe. Pour bien le comprendre et proposer des améliorations, il faut s'en imprégner. C'est ce que j'ai fait. Depuis l'accident de mon fils, j'observe, j'écoute, je réfléchis, et je visite les centres spécialisés. En les parcourant, on découvre la réalité du handicap. Elle explique les défaillances psychologiques des familles et le renoncement de certains devant l'ampleur du problème. Ce voyage en enfer m'a beaucoup appris et beaucoup apporté.

Chapitre 6

Voyage au centre de l'enfer

Le bus qui arrive de la Défense vient de s'arrêter devant les grilles de l'hôpital Raymond-Poincaré, à Garches. Le chauffeur actionne le système qui va mettre le plancher de son véhicule au niveau du trottoir. C'est l'une des très rares lignes équipées pour le transport des handicapés. Assis dans leurs fauteuils roulants, trois garçons et une jeune fille quittent en file indienne la plate-forme spécialement aménagée et se regroupent devant l'entrée de l'établissement en poursuivant une discussion animée. Le plus vieux n'a pas trente ans et tous rient de bon cœur en s'engageant sur l'allée en pente douce qui mène au pavillon d'orthopédie où ils ont rendez-vous, à gauche au fond de l'hôpital. Ils paraissent heureux de vivre ; je trouve cela réconfortant. Je pense à mon fils, et ces quatre-là me redonnent espoir. Un jour, lui aussi, retrouvera-t-il la paix et l'envie de rire ?

Malheureusement nous n'en sommes pas encore là et j'observe avec envie les quatre jeunes gens qui gravissent maintenant, sans même s'en rendre compte, la rampe assez sèche permettant d'accéder au pavillon.

Quelques secondes plus tard, je m'engage à mon tour dans ces locaux que je commence à bien connaître. Fabrice n'a pas été hospitalisé ici mais, depuis son accident, j'ai noué des contacts avec les médecins de ce centre, en particulier avec le directeur de la « Mission handicaps », aujourd'hui mon ami, le Dr Philippe Denormandie, afin de m'impliquer dans leur combat quotidien contre le handicap.

Grâce à eux, mon champ de vision s'est élargi. J'ai dépassé le cas particulier pour aborder le problème dans son ensemble. J'ai inséré Fabrice Chevalet dans une population de cinq millions de handicapés. Mes problèmes demeurent, mais je les partage maintenant avec des milliers de familles et c'est avec ces gens et ces médecins que je me bats pour trouver des solutions. Ce n'est pas simple tant les situations sont complexes, voire désespérées.

Je le constate aujourd'hui encore en accompagnant un médecin dans une chambre. Un jeune homme vient d'y être admis : accident de moto ; le plus classique hélas. Il a été opéré deux jours auparavant mais demeure dans un coma profond. Pour combien de temps ? Comme ce fut le cas pour Fabrice, le médecin n'en sait rien. Absolument rien. La famille devra attendre.

Nous quittons la chambre et le médecin pousse une autre porte. Un homme est étendu sur un lit, inerte. Victime d'un accident du travail – une chute vertigineuse – dans une carrière, il est depuis sept ans et six mois dans le coma. Il vit, et répond même aux questions simples par oui ou par non à l'aide d'un petit contacteur électrique. Mais le dialogue s'arrête là et nul ne sait quelle est exactement son activité cérébrale, son degré de compréhension. Dans ce domaine, les médecins font preuve de la plus grande prudence. Ils partent du principe que le blessé comprend et lui parlent comme à n'importe quel patient.

Ils se souviennent trop de l'histoire de ce jeune homme plongé pendant six mois dans un coma profond. Lui ne manifestait aucun signe de vie à part les battements de son cœur. On le donnait pour perdu. Des collègues de travail étaient venus à son chevet et avaient employé le terme de « plante verte » en évoquant son cas. L'intention n'était pas méchante, mais ce n'était pas très malin. La preuve : sans que personne ne puisse l'expliquer, le blessé est brusquement sorti du coma. Les premiers mots qu'il a prononcés sont les noms exacts de tous ceux qui l'avaient comparé à une plante verte. Il n'en a oublié aucun. Comprenait-il tout depuis six mois ? A-t-il repris conscience graduellement ? Pourquoi ne parvenait-il pas à manifester son éveil ? Aucune réponse.

Une autre histoire du même ordre a profondément marqué les médecins de Garches.

Une femme se trouvait depuis trois ans et demi dans un coma végétatif profond. Son mari venait lui rendre visite chaque soir. Il lui parlait avec une admirable patience sans jamais obtenir de réactions en retour.

Un jour, comme cela arrive fréquemment, une complication médicale s'est présentée, nécessitant une intervention chirurgicale lourde, suivie d'un passage en réanimation et d'une rééducation douloureuse. Le médecin traitant et le mari de la patiente se sont alors concertés pour déterminer s'il était raisonnable d'infliger de nouvelles souffrances à cette malade qui ne répondait plus depuis si longtemps, ou s'il était préférable de jeter l'éponge. Déchirés entre l'éthique pour l'un, l'amour pour l'autre, la décision était terrible à prendre. Le mari a finalement demandé au médecin de ne pas intervenir, de laisser le mal faire son œuvre en veillant seulement à ce que la malade ne souffre pas.

Puis l'homme s'est rendu comme d'habitude au chevet de sa femme pour lui annoncer sa décision dans un ultime geste de tendresse.

Et sa femme a pleuré, en silence. Des larmes ont coulé sur ses joues. Appelés de toute urgence, le médecin et les infirmières l'ont constaté sans comprendre.

La femme a été opérée. C'était il y a un an ; elle est toujours dans le coma. Le médecin ne peut dissimuler son émotion lorsqu'il rapporte cette histoire.

Dans les couloirs de l'hôpital de Garches, la mort se veut bonne fille, elle propose ses services pour la bonne cause, pour soulager les souffrances, mettre un terme aux vilenies du Bon Dieu. Et devant certains cas, effectivement, comment ne pas se poser de questions ? Pour pratiquer certaines séances de rééducation, les kinésithérapeutes se bouchent les oreilles à l'aide de boules Quies tant les hurlements, les râles, les grognements de leurs patients sont insoutenables.

J'ai vu l'un d'eux lors d'une consultation avec un médecin. Un homme de vingt-sept ans. Il ne pesait guère plus d'une vingtaine de kilos. Un kiné le portait dans ses bras. Les membres atrophiés, incapable de prononcer un mot, les fesses entamées par une escarre de plusieurs centimètres, il était nourri par une sonde. Ses parents l'avaient abandonné à son sort depuis longtemps. Seul au monde, son cas, de surcroît, s'aggravait. Son corps plié en deux, bloqué au niveau du bassin lui interdisait maintenant de s'asseoir. C'est cette position assise que le médecin et le kinésithérapeute tentaient de récupérer par de douloureuses manipulations. Devant tant de souffrance, j'ai posé la question au médecin :

– Mais que peut-il espérer de la vie ? Qu'espérez-vous pour lui ?

Et la réponse m'est revenue en pleine figure :

– Voulez-vous que je le pique ?

Puis le praticien a expliqué :

– Nous ne sommes pas capables de savoir ce qu'il perçoit, ce qu'il comprend. Il exprime des sensations et je n'ai pas à porter de jugement de valeur sur le « comment » il conçoit sa vie. En revanche, je me donne les moyens d'appréhender sa douleur physique et je soigne le corps dans sa dimension de vie. Ce n'est pas de l'acharnement, je ne pratique pas d'expérimentation, j'apporte une réponse à une demande que je ne comprends peut-être pas. Quel que soit le patient que j'ai en face de moi, même s'il paraît absent, je lui parle directement. Je ne m'adresse pas à son éventuel accompagnateur, je le regarde dans les yeux et je le vouvoie. Je pars du principe qu'il possède un code de communication que je dois trouver. Quelquefois j'obtiens des réponses par un regard, par un changement du rythme de la respiration, ou je constate que le malade s'apaise car il cesse de transpirer. Alors, j'estime que j'ai gagné, que j'ai rempli mon devoir de médecin en soulageant mon patient.

Peu après cette mise au point, nous avons évoqué, avec d'autres médecins, le cas de Vincent Humbert, ce jeune homme tétraplégique, muet, aveugle, euthanasié par sa mère et un médecin après qu'il eut demandé l'autorisation de mourir à Jacques Chirac. Un consensus s'est dégagé.

Pour les médecins, il faut distinguer le handicapé qui ne peut communiquer, ou dont nous ne décodons pas le message, et celui qui parvient à s'exprimer d'une manière ou d'une autre, qui nous dit alors clairement qu'il souhaite se donner la mort et que seule une impossibilité physique l'en empêche. Dans ce cas on peut envisager d'accéder à son désir par respect pour sa volonté et sa dignité d'homme.

En revanche, dans le cas précédent rien n'autorise des tiers à décider de la vie ou de la mort d'un être humain incapable d'exprimer le moindre vœu, et dont on ignore totalement la façon dont il vit son handicap. Ce serait la porte ouverte à de redoutables dérives. Il faut donc tenter d'améliorer son sort et pour cela, avant tout, essayer de percer le mur du silence qui l'entoure.

Quelques jours après notre discussion, le ministre de la Santé, Philippe Douste-Blazy, annonçait une proposition de loi qui allait en ce sens. Elle prévoyait que les malades incurables puissent choisir leur mort. Même s'il concernait avant tout les malades en fin de vie et non les handicapés, ce texte apportait une approche philosophique nouvelle sur le droit de chacun à décider de sa vie ou de sa mort. Le ministre n'entendait pas dépénaliser l'euthanasie, comme c'est le cas en Belgique ou aux Pays-Bas, et il expliqua dans une interview au *Figaro* : « L'acte de donner la mort sera toujours puni par la loi. En revanche, nous allons modifier le code de déontologie médicale et le code de santé publique sur la fin de vie.

» La loi instaurera le droit de mourir dans la dignité. Respecter la vie, c'est accepter la mort. Avec cette loi, les malades incurables pourront choisir leur mort. Les familles pourront encadrer leur proche jusqu'à son dernier souffle et le corps médical assister des décisions difficiles sans pour autant s'exposer à une responsabilité civile qu'il n'a pas vocation à supporter. Pour cela, le texte fixera des procédures différentes pour les malades selon qu'ils sont conscients ou non. »

Ce texte reconnaissant avant tout le droit de chacun à mourir dans la dignité, on pouvait donc considérer qu'il concernait les handicapés et que ceux-ci pourraient donc également choisir leur mort. Mais pour cela, il leur faudra communiquer.

Sans qu'il soit motivé par cette décision ultime, le premier souci des médecins consiste précisément à établir un code de communication avec le patient qui permettra au moins de lui faire dire oui ou non, ce qui est déjà énorme. Pour certains ce sera une pression du pouce, un signe de la main, pour d'autres un simple mouvement des lèvres ou des paupières.

Pour susciter une réaction, obtenir une réponse, établir un contact on a même souvent recours, aujourd'hui, à des pictogrammes. Leur utilisation donne d'excellents résultats et permet de mieux étalonner les capacités intellectuelles réelles des patients.

Des pédagogues s'emploient à mettre en place ces indispensables passerelles de communication entre le malade, sa famille et le médecin. Elles sont primordiales pour localiser l'origine d'éventuelles douleurs que le handicapé ne peut définir et qu'il traduit par des plaintes lancinantes ou d'insupportables cris que l'on met bien souvent, à tort, sur le compte de la folie. J'ai vu à Garches une mère effondrée avouer à un médecin en lui présentant son fils de seize ans :

– Je n'ose plus le sortir, il ne cesse de hurler. Dans la rue tout le monde se retourne sur moi, j'ai honte, il fait peur aux enfants, ce n'est plus possible. Dans mon immeuble, les voisins n'osent pas encore se plaindre de ses cris mais je sens bien leurs reproches voilés lorsqu'ils me demandent comment va mon fils. Ils aimeraient me voir partir, mais pour aller où ? Ce sera partout pareil.

Ce jour-là, aidé par le psychologue, le médecin est parvenu à établir un dialogue avec le garçon et il a établi qu'il souffrait de graves problèmes dentaires.

Le code de communication mis en place pour parvenir à ce résultat a immédiatement été consigné sur une « fiche de liaison ».

Instaurée il y a deux ans, cette fiche que l'on remet à tous les handicapés et qui ne doit pas les quitter recense les besoins spécifiques de la personne. Placée bien en évidence, en permanence, à son domicile ou à l'hôpital, elle permet à tout intervenant – régulier, occasionnel, nouvel arrivé – d'avoir instantanément une idée précise de la situation. Sur une double page sont listés le code de communication du handicapé et tous les éléments constitutifs de son état ainsi que les dispositifs médicaux ou les aides techniques mis en œuvre. Par exemple, concernant les activités de la vie quotidienne, on trouvera le degré de raideur de certains membres, les mouvements anormaux enregistrés, éventuellement l'usage de protection contre les chocs, le type d'appareillage et l'horaire d'installation. Sont également consignés les problèmes liés à la toilette ou à l'incontinence : nécessité de couches, d'un étui pelvien, la taille de celui-ci, les soins concernant les escarres…

Une page est également réservée au comportement psychologique de la personne parce que, dans le traitement contre la douleur, les médicaments ne font pas tout. Non seulement il est essentiel de savoir quelle attitude chez telle personne peut exprimer un état douloureux : mimiques, pleurs, raideur, mais il faut également connaître les gestes à éviter et les « petits moyens » pour aider à soulager : musique, jouet familier comme un nounours, voire un « doudou » pour les plus petits. Si l'enfant y est habitué et qu'il ne l'a pas parce que le soignant l'ignore, on ne gérera pas bien sa douleur et l'on administrera un analgésique là où le « doudou » aurait été plus efficace.

En un clin d'œil, le médecin, ou l'infirmière, qui découvre le handicapé sait ainsi tout de lui, gagne un temps précieux et évite une multitude d'erreurs ou de fausses manœuvres faute d'obtenir des réponses à ses questions.

Encore une fois, pour nous, dire oui ou non nous paraît si simple, si évident que l'on a bien du mal à se projeter dans ce monde de l'incommunicabilité dans lequel les médecins progressent pas à pas, et souvent à tâtons. « Avec un handicapé, il faut monter une marche, jamais un escalier, dit l'un d'eux et, si l'on n'espère guère améliorer l'état général, il faut au moins tenter d'interrompre la dégradation. »

Améliorer… Quelquefois le terrain gagné peut paraître dérisoire alors que les conséquences peuvent être énormes pour le handicapé.

« Avec un pied tordu vous ne pouvez même pas aller aux toilettes seul, vous devez mettre une couche, dit encore un praticien, alors que s'il est remis dans l'axe c'est gagné. Outre le confort matériel pour le patient, c'est également très important psychologiquement. »

Mais il faut parfois des mois pour obtenir ce résultat et les médecins filment maintenant régulièrement leurs patients. En effet, les images numériques leur permettent de mieux suivre l'évolution de la rééducation.

En découvrant à l'hôpital de Garches tous les rouages de cette énorme machine, tous les soins, les efforts constants que demande un handicapé, j'ai mieux cerné ce qui m'attendait avec Fabrice et, surtout, ce qui attendait certaines familles placées dans des situations encore plus extrêmes.

Paradoxalement, ce sont les blessés plongés dans le coma ou devant bénéficier d'une assistance médicale permanente qui posent le moins de problèmes à leurs proches et à l'administration. Il est inconcevable que ces personnes puissent un jour quitter l'hôpital, ou une MAS (Maison d'aide spécialisée), ce qui est finalement préférable pour les familles et leur pose bien moins de problèmes. Leur chagrin demeure, mais leur équilibre psychologique est préservé.

Car c'est bien lorsqu'il y a retour au domicile que les structures sont défaillantes et que les dysfonctionnements apparaissent. J'en ai fait l'expérience avec Fabrice, j'en ai la confirmation ici, à Garches, en passant de chambre en chambre.

Je rencontre ainsi Gabriel, un jeune homme de vingt-deux ans, étudiant dans une école d'ingénieurs. Condamné à la chaise roulante à la suite d'un accident de moto, il déborde d'espoirs et de projets.

Devant cette jeune vie brisée, je ne peux m'empêcher de penser à nouveau à Fabrice. Comme lui, Gabriel souffre d'un grave traumatisme crânien mais ne réalise pas la perte importante de ses facultés intellectuelles. D'ailleurs, à première vue, il a gardé toute sa tête. Avec enthousiasme, il m'assure que cet accident ne lui fera perdre qu'un an d'études et que, dès sa sortie de l'hôpital, il reprendra ses cours. Se destinant au monde de l'aéronautique, il est heureux comme tout de discuter avec moi. Cette joie me fait plaisir et j'en oublie son mal, j'adhère à ses projets, je m'enflamme avec lui. Les médecins présents à nos côtés écoutent notre dialogue sans un mot. Mais dès que nous quittons la chambre, ils me confient dans le silence glacial du couloir :

– Pauvre gosse… Tous les tests le prouvent : il a le niveau mental d'un enfant de huit ans. Il ne peut même plus effectuer une multiplication. Irrécupérable. Mais il ne se rend pas compte de son état. Ses parents ne parviennent pas non plus à admettre que c'est définitif. C'est bien ce qui nous fait peur car ils vont être incapables de s'adapter à la situation lorsque leur fils reviendra chez eux. Nous avons un gros travail de préparation psychologique à effectuer. Le problème du traumatisme crânien c'est qu'il ne se voit pas. Une plaie sur le corps, une mutilation sont visibles, concrètes, alors qu'une altération du cerveau ne laisse pas de traces apparentes. La personne semble normale, et pourtant…

Et pourtant ses réactions sont imprévisibles. Ainsi, les infirmières se méfient d'une adorable jeune fille qui brusquement peut les agresser, les griffant et leur crachant au visage avant de retomber en léthargie.

Voilà le quotidien de l'hôpital de Garches fait de crises d'épilepsie, de membres mutilés, atrophiés, suspendus par des poulies, enserrés dans des mâchoires et chaque fois, en voyant cela, la même question revient : comment les handicapés vivront-ils à leur sortie de l'hôpital, qui va les prendre en charge ?

Soixante-dix pour cent d'entre eux souhaitent regagner leur domicile et s'y maintenir. C'est très bien car c'est également le vœu de l'administration. A priori, tout le monde devrait donc être satisfait. Seul problème : l'intendance ne suit pas. D'abord à cause de la lourdeur des soins et de l'attention permanente à apporter aux handicapés, ensuite parce qu'il faut envisager cette prise en charge dans le temps, que le personnel manque, et que la coordination entre les différents services et structures concernés est inexistante.

Ce dernier point est capital. Une expérience sur l'hospitalisation à domicile a été menée dans le quatorzième arrondissement de Paris. Elle regroupait les personnels de santé, les administrations et les associations médico-sociales. Ce n'est même pas un manque de coordination qui a été rapidement déploré, c'est encore pire : on a réalisé que chacun ignorait totalement les activités et les initiatives de l'autre. Un coordinateur a alors été nommé pour obliger tous les acteurs à agir dans le même sens. Il a, effectivement, remis de l'ordre mais en est arrivé à ce constat alarmant : les professionnels du monde sanitaire, qu'ils soient médecins, infirmiers, kinésithérapeutes ou ergothérapeutes, déjà peu nombreux, ne veulent plus se déplacer au domicile des patients, mais recevoir à leur cabinet. Trop de perte de temps et donc d'argent.

Dans la mesure où la situation ne va pas s'arranger dans les années qui viennent, il va donc falloir redéfinir les structures et les tâches de chacun, remettre totalement à plat le plan handicap et se donner les moyens de ses ambitions. Il ne s'agit pas seulement d'argent mais bien souvent de recentrage et de logique.

Pour faciliter la vie des handicapés, pour en faire des citoyens à part entière, pour soulager leurs familles, des réformes, des refontes s'imposent dès la faculté de médecine, mais elles concernent également les médecins, les administrations, les architectes et les lobbies industriels.

Il s'agit de faire un choix. La qualité humaine d'une société se reconnaît à sa faculté d'intégrer toutes les différences aussi bien physiques que raciales ou religieuses.

Chapitre 7

Il faut chasser en meute

Le handicapé coûte cher et ne rapporte rien. Il n'intéresse personne, pas plus les étudiants en médecine que les praticiens, les laboratoires, ou les industriels. Il fait perdre du temps, complique la vie, offre peu d'espoir d'amélioration, n'est pas valorisant, et ne permet pas de développer des marchés commerciaux juteux. Dans ces conditions pourquoi donc s'en préoccuper ? Un minimum suffit.

Pendant des années, la politique du handicap s'est limitée à cette règle : une pension pour vivre et un fauteuil pour rouler dans un espace donné. On n'abandonnait pas les handicapés ; on les nourrissait...

Il ne s'agissait même pas d'une marginalisation mais bien d'une négation. Le handicapé n'existait pas. La preuve : le traitement des handicapés ne figurait dans aucun programme des facultés de médecine. Pas une ligne, pas un module. Le futur médecin n'était pas censé être un jour confronté au handicap et aux problèmes particuliers et complexes qu'il pose. À lui de se débrouiller et d'improviser face à ces patients pas comme les autres qu'il croiserait pourtant, obligatoirement, à un moment ou à un autre. Il serait alors temps de voir. Ou de se défausser sur un kinésithérapeute.

Depuis quelques années quand même, le doyen de la faculté de médecine de Lyon, à la demande et avec l'appui actif d'associations, est parvenu à instaurer un « module 4 » qui implique la formation de tout médecin en la matière.

Un vrai progrès. Mais les étudiants ne se précipitent pas aux cours. Les bons docteurs Schweitzer se font rares, les apprentis médecins préfèrent aujourd'hui se diriger vers les spécialisations lucratives et sans risques. C'est leur droit. On peut même les comprendre lorsqu'on voit les menaces de recours en justice qui pèsent sur les chirurgiens en cas d'échec opératoire. En attendant, les handicapés sont orphelins et bon nombre de praticiens évitent de les prendre en charge pour des raisons purement financières.

Eh oui ! Une consultation normale prend vingt minutes, or il faut consacrer au moins le double de temps à un handicapé qui ne parvient pas à s'exprimer, est atteint de troubles mentaux, ou demande de lourdes manipulations pour être ausculté convenablement. Sans compter que l'acte purement technique prend alors une dimension humaine dans laquelle le facteur temps est important. La relation avec le patient est compliquée, lente, elle évolue en fonction de son stress. Le médecin, s'il est consciencieux, doit en tenir compte avant d'établir un diagnostic. Et tout cela pour le même prix.

Quel que soit le type d'intervention, de la plus simple à la plus compliquée, le handicapé coûte plus cher. Une prothèse de hanche, nous savons que ça vaut tant et que ça demande ensuite deux heures de soins par jour. La même prothèse de hanche sur une personne atteinte d'une sclérose en plaques va coûter beaucoup plus cher, parce que l'intervention est plus délicate, plus longue, et il faudra ensuite non plus deux mais cinq heures de soins par jour.

Tout est à l'avenant, ce qui explique que beaucoup d'équipes médicales baissent les bras devant ces complications qui, de surcroît, ne leur apportent aucune valorisation professionnelle.

C'est encore l'un des aspects négatifs, dissuasifs, du monde du handicap : il n'est pas médiatique, il n'est pas noble. Tous les journaux, toutes les télés vont parler d'une grande première médicale, de la mise au point d'un vaccin contre le sida, des formidables avancées de la cellule souche, mais qui va se passionner pour un « tordu » que l'on a remis droit, pour un « demeuré mental » à qui l'on a rendu un peu de dignité ? Qui ?

Il faut regarder les choses en face : je connais suffisamment le monde de la presse, j'ai assisté à suffisamment de conférences de rédaction, pour savoir que les handicapés ne font pas recette. Ils ne font pas vendre et ils foutent le cafard aux lecteurs, aux téléspectateurs, qui ont envie de ciel bleu, de jolies filles et de télé-réalités qui leur renvoient leur image.

J'ai été l'un des premiers à couvrir l'actualité les Jeux paralympiques à Lillehamer. Cela n'intéressait pas la rédaction de TF1. Seul Patrick Poivre d'Arvor, et je lui en suis reconnaissant, a accepté de diffuser un reportage sur un handicapé dont les deux jambes avaient été sectionnées dans un accident et qui dévalait les pentes dans un slalom vertigineux, assis sur un petit fauteuil reposant sur un monoski. Quelle force de caractère ! Quelle leçon !

Cette année, pour la première fois, me semble-t-il, les médias ont assez largement rendu compte des Jeux paralympiques d'Athènes. Je m'en réjouis. C'est un début, mais ce n'est pas encore la règle.

Les handicapés, c'est sûr, il faut s'en préoccuper, mais pas pendant le prime time. S'il faut parler médecine, parlons au moins de ce qui nous fiche la trouille à tous : le cœur, le cancer… ça au moins c'est porteur.

Tous les rédacteurs en chef le savent. Et les médecins qui ont besoin de reconnaissance, aussi. Pas seulement pour flatter leur ego, être reconnus par leurs pairs, mais pour obtenir des crédits, des subventions qui vont leur permettre de poursuivre leurs recherches. Les gouvernants, comme les labos, rechignent à financer des travaux, ou des recherches, destinés à une minorité et qui vont coûter très cher sans jamais être rentabilisés. Ils vont donc favoriser les équipes qui travaillent dans les secteurs de pointe et n'accorder que des miettes aux autres.

Personne ne fait de recherche fondamentale en matière de handicap, sauf en biologie parce que l'on aborde là un domaine plus vaste, avec des perspectives de recherches étendues. Il faudrait être fou pour s'investir dans des études sur le handicap ! Nos connaissances de base suffisent à gérer le mal.

Cette désaffection à l'égard des handicapés se répercute bien sûr à tous les niveaux et explique bien des dysfonctionnements. Dans la mesure où aucun plan d'ensemble n'était clairement défini, depuis des années, chacun gérait les problèmes au coup par coup lorsqu'ils se présentaient, sans trop se soucier de ce qui avait été fait auparavant, et encore moins de ce qui serait fait après.

Actuellement on commence à mettre en place de nouvelles structures, à encourager les coopérations, mais ce n'est pas simple car l'absence de coordination est favorisée par la dispersion des responsabilités. Trop d'administrations sont concernées par la gestion du handicap. Certaines prises en charge sont du ressort de l'État, d'autres de la région, du département, quand ce n'est pas de la commune ou des associations médico-sociales. On se perd dans le maquis des Agences régionales d'hospitalisation, des Directions régionales d'action sanitaire et sociale… ARH, DRASS, DOSS… tous ces organismes aux sigles mystérieux se télescopent, se chevauchent ou, au contraire, se renvoient la balle, et l'on s'épuise ainsi à monter des dossiers qui passent de main en main pendant des semaines, voire des mois.

J'en ai fait la triste expérience avec Fabrice, il est désespérant d'avoir toujours un interlocuteur différent qui découvre le dossier et auquel il faut, à chaque fois, raconter son histoire, résumer les chapitres précédents, avec la hantise qu'au bout du compte ce dernier estime ne pas être concerné et vous renvoie vers un autre service, voire un autre organisme.

Tous les médecins sont d'accord sur ce point, on souffre autant de ce système anarchique que du manque de crédits. Si ce n'est plus. Une meilleure organisation permettrait d'économiser beaucoup d'argent et de mettre un terme à des situations quelquefois ubuesques.

Un exemple parmi tant d'autres : à l'hôpital de Garches, quarante malades atteints de sclérose en plaques ont besoin de l'assistance d'une pompe anyurésale pour uriner. Elle leur est indispensable et est intégralement remboursée par la Sécurité sociale qui n'en discute pas la nécessité. Seulement voilà, dans son budget, l'hôpital ne s'est vu allouer que cinq pompes, et il ne peut en obtenir une de plus. Si l'on s'en tenait là, trente-cinq patients s'en verraient donc privés, uniquement parce qu'elles ne sont pas budgétisées. Résultat : ces malades sont dirigés pendant quelques jours vers des cliniques privées qui, elles, ne sont pas contingentées et leur fournissent les pompes. Quelquefois, il faut même utiliser des stratagèmes compliqués pour obtenir ce matériel !

Ces tours de passe-passe demandent alors un subtil jeu d'écritures, et il faut justifier ces allers-retours en ambulance et cette valse entre le public et le privé qui n'est pas gratuite.

Et le pire, c'est qu'il ne s'agit pas d'une magouille, ni d'une combine, seule une aberration administrative conduit à cette situation qui fait le bonheur des cliniques et le malheur des malades. Plus grave, personne n'a le courage d'en endosser la responsabilité. Dans l'état où ils se trouvent, les patients se passeraient volontiers de ces transferts qui les fatiguent et les perturbent.

Une fois encore, ils sont victimes de l'univers cloisonné dans lequel s'embourbent et se complaisent nos hôpitaux. En ce domaine les services réservés aux handicapés ne sont pas les seuls concernés, hélas. Le problème est général.

Le Pr Cabrol, pionnier de la transplantation cardiaque, a été l'un des premiers à le dénoncer lorsqu'il a décidé de créer son Institut du cœur à l'hôpital de la Pitié-Salpêtrière, derrière la gare d'Austerlitz. Il en avait assez, lui aussi, de voir des services complémentaires dispersés sur les trente-trois hectares de cet immense hôpital, voire à l'extérieur.

Il trouvait anormal que les différents secteurs spécialisés de cardiologie soient répartis dans plusieurs hôpitaux de Paris. Cela compliquait la tâche des médecins et était préjudiciable aux malades. Opérés en un point ils devaient souvent être transportés en un autre pour être placés, par exemple, en réanimation, ou recevoir des soins complémentaires. Même à la Pitié-Salpêtrière, les services étaient éparpillés. Outre la perte de temps et de main-d'œuvre, cela multipliait les transferts des malades d'un pavillon à l'autre, avec les risques infectieux que cela comporte toujours.

L'idée est donc venue au professeur, dès 1985, de créer une unité nouvelle dans un concept moderne et rationnel. Il s'est alors attelé au projet avec quatre de ses fidèles amis et confrères, les professeurs Jean-Pierre Bourdarias et Yves Grosgogeat, cardiologues, le professeur Iradj Gandjbakhch, chirurgien, et le professeur Claude Gibert, spécialiste de réanimation médicale polyvalente. Il leur a fallu plus de quinze ans pour faire admettre leurs idées et les mener à terme.

Opérationnel depuis 2001 seulement, cet Institut, installé dans l'enceinte de la Pitié-Salpêtrière, est pourtant déjà une référence et un modèle. Dans le monde entier on vante la qualité des soins qui y sont prodigués tout autant que les concepts novateurs de l'architecture, des structures et de la gestion.

Les pères fondateurs en sourient. Leur projet ne se voulait pas révolutionnaire, il était simplement logique, rationnel, fonctionnel et tourné vers l'avenir. Chacun en convient maintenant, l'Institut n'est que le fruit du bon sens. Un constat élémentaire, une évidence qui a pourtant mis du temps à s'imposer.

En 1985, lorsque le projet a été évoqué pour la première fois, le directeur de l'Assistance publique y était favorable. Il avait même proposé un terrain disponible dans le périmètre de l'hôpital de la Pitié-Salpêtrière. Mais il avait aussitôt précisé qu'en dehors de cela, il n'avait pas un sou disponible, même pas de quoi y construire une cabane de jardin.

Le Pr Cabrol s'est donc débrouillé seul pour trouver les fonds nécessaires à la construction de l'Institut, quelque trois cents millions de francs à l'époque. Il a multiplié les contacts avec les hommes politiques, les financiers, et imaginé toutes sortes de montages inédits, originaux avec ses quatre amis.

Ils espéraient avoir résolu une bonne partie du problème lorsque Francis Bouygues a accepté de les aider. Pendant un an, ses bureaux d'études ont planché sur un projet intégrant une notion d'hôtellerie à l'hôpital. Les malades qui ne nécessitent plus de soins particuliers et qui ont juste besoin d'un contrôle auraient pu ainsi s'installer dans des chambres « normales » et libérer autant de chambres médicalisées coûteuses et en nombre insuffisant. Ces chambres « banalisées » auraient également pu être utilisées lors d'examens, ou louées à des familles de malades.

C'est ce projet que Bouygues a conçu et proposé de réaliser dans des conditions financières tout à fait avantageuses. L'occasion était inespérée. Elle était si belle que des médecins qui ne s'étaient pas impliqués dans le projet se sont aussitôt appliqués à le dénigrer et à le critiquer.

Ce premier front à peine ouvert, le Pr Cabrol s'est heurté à un second : celui des hommes politiques et du gouvernement en place à l'époque. Pas question de laisser Bouygues s'implanter dans un établissement public, et encore moins d'envisager un partenariat avec lui. C'était pourtant une piste intéressante à explorer dans l'intérêt des finances de l'État et des contribuables. D'autant que les syndicats n'étaient pas hostiles à ce projet. Mais la levée de boucliers était telle que les plans ont été remis dans leurs cartons.

Quelques années plus tard, c'est Jacques Chirac, alors maire de Paris, qui a montré, le premier, un réel intérêt pour le projet. Ministre de la Santé, Bruno Durieux a enfin débloqué les crédits qui ont permis à Bouygues de réaliser les plans, en laissant toutefois de côté le volet hôtellerie. Pas trop en même temps…

Aujourd'hui installé dans ses locaux flambant neufs du 56, boulevard Vincent-Auriol, à l'arrière de la Salpêtrière, l'Institut constitue bien le premier pôle fonctionnel de cardiologie voulu par ses concepteurs.

Il réunit en un même lieu, et quasiment en un même niveau, grâce au jeu d'ascenseurs adaptés aux besoins, tous les services qui traitent des affections cardiaques : insuffisances cardiaques, troubles du rythme cardiaque, hypertension, maladies coronariennes, y compris un service de réanimation de très haute qualité…

Des antennes des départements de pharmacie et de biologie ont même été ouvertes. Elles fonctionnent jour et nuit et permettent de gagner un temps précieux, en cas d'urgence, tant dans la fourniture de médicaments que dans des résultats d'analyse obtenus quasi instantanément. Et, en cardiologie comme à Garches, le terme « urgence » n'est pas galvaudé non plus. La vie est souvent accrochée à une poignée de minutes. C'est cet espace-temps que l'on est parvenu à compresser en ramassant tous les services en une sorte d'étoile.

Autre avantage : tous les médecins concernés par un malade se croisent en permanence, se parlent et échangent leurs informations en temps réel, plutôt que de s'envoyer des messages en fastidieux allers-retours. Il n'y a plus de cloisonnement, les patients sont même surpris et rassurés par ce ballet de spécialistes à leur chevet.

Parallèlement des réunions sont régulièrement organisées entre les différents acteurs médicaux et paramédicaux qui travaillent en étroite coopération et veillent scrupuleusement à une bonne information envers les malades et leurs familles. Les infirmières, notamment, reçoivent une formation particulière dans ce domaine.

Cette structure fait maintenant référence mais ceux qui l'ont conçue restent pourtant modestes, pour ne pas dire surpris : « Nous n'avons rien inventé ; nous utilisons mieux », disent-ils.

Il est évident que cet Institut constitue l'exemple à suivre mais, pour en arriver là, il faut, on le voit, bouger des montagnes car chacun approuve les projets, les encourage, à condition qu'ils soient financés par l'autre. Sans compter que le cœur est un domaine plus sensible que le handicap.

Ce système de défausse n'est pas nouveau. En 1975, lorsque l'État a donné satisfaction aux associations de handicapés en leur confiant l'organisation et la gestion de toute la structure médico-sociale, il s'est, en même temps, déchargé d'un lourd fardeau. Il a fait une excellente opération. Le secteur public représente aujourd'hui moins de dix pour cent du monde médico-social. L'État se retrouve donc dans la position idéale du simple bailleur de fonds. En confiant les clés de la boutique aux seules associations, le gouvernement de l'époque les a muselées pour un bon moment.

D'abord, elles devenaient subitement responsables de leurs deniers et de leurs décisions. En cas d'erreurs, de contestations, elles ne pouvaient s'en prendre qu'à elles-mêmes et demander des comptes aux responsables qu'elles avaient élus. L'État n'était pas concerné.

Dans ces conditions, le rôle des directeurs de ces centres médico-sociaux devient ambigu. Ils représentent les usagers face à l'État qui les paye. Ils doivent rendre des comptes aux deux, ce qui les incite à faire leur « petit business » pour ne pas avoir d'histoire, en perdant de vue l'objectif premier : la défense des handicapés et de leurs familles. La sécurité de l'emploi l'emporte alors sur le militantisme.

Les associations médico-sociales représentent aujourd'hui cinquante mille salariés qui ne vivent que grâce aux subventions de l'État. C'est-à-dire que celui-ci peut leur couper les vivres du jour au lendemain. Cela fait réfléchir.

À l'inverse, si les associations commencent à grogner trop fort, et à juste titre, le gouvernement peut rapidement calmer le jeu en accordant des petites rallonges budgétaires ou des faveurs qui ne se refusent pas, font patienter, et désamorcent le conflit.

Il est anormal et incohérent que les mêmes personnes soient à la fois responsables du secteur médical d'un centre et de sa gestion financière. Pour être efficace, une association doit garder sa capacité de revendication et celle-ci ne peut s'exprimer que si l'association est indépendante financièrement. Il faut atomiser ce système et bien différencier le secteur médical du secteur financier.

D'autant que cette mainmise gouvernementale est, en plus, facilitée par les divisions qui opposent les différentes associations. Alors qu'elles devraient faire bloc pour être puissantes et représentatives, elles ne cessent de se chamailler et ajoutent encore à la confusion en refusant, souvent, de coopérer entre elles. Il est inadmissible qu'une association puisse obtenir un agrément sans avoir clairement défini son objectif médical. Actuellement, beaucoup font ainsi double emploi alors que des places manquent cruellement dans des secteurs délaissés. Une concertation plus intelligente permettrait d'évaluer la demande, les besoins, et de combler les vides.

Depuis sa création, la « Mission handicaps » dénonce ces dysfonctionnements et s'efforce de convaincre les uns et les autres de travailler en réseau, du début à la fin de la prise en charge du handicapé : « Dans tous les cas, l'important est la continuité de l'information et la coordination entre les différentes équipes », dit l'un de ses responsables qui poursuit : « La prévention exige une organisation collective avec une cartographie des risques qui permette à chacun, non seulement d'identifier les signes d'alerte, mais aussi de répondre correctement aux besoins. Face à un paraplégique, il faudra gérer et prévenir son risque urinaire, à cause des infections, et son risque cutané, à cause des escarres. On évitera ainsi de se retrouver confronté à une situation où la seule issue serait de traiter les conséquences. »

La première expérience de ce travail collectif en réseaux a été lancée en Île-de-France. Elle commence à porter ses fruits.

D'abord, le corps médical et les associations ont regroupé les patients par type de handicap, recensant exactement le nombre de blessés atteints de traumatismes crâniens, celui des polyhandicapés, des autistes, et définissant exactement leurs attentes et leurs besoins. À ce niveau, le rôle des associations est primordial. Ce sont elles qui font remonter l'information jusqu'aux médecins et aux différents responsables et qui signalent aussi tout changement d'environnement de la personne handicapée.

Ces renseignements sont extrêmement importants, ils permettent d'éviter des tâtonnements, voire des erreurs car, dans ce genre de pathologie, le mécanique et le psychique sont souvent étroitement liés. La prise en charge d'une personne handicapée est complexe. Elle impose une approche globale. Il ne faut pas se limiter à ce que l'on voit, c'est-à-dire le corps, mais il est nécessaire de déterminer les causes exactes des transformations que l'on y constate. Exemple : du jour au lendemain, un autiste peut cesser de marcher. On va alors chercher s'il a un problème musculaire, osseux, ou cérébral, alors que le fait est purement psychologique : il ne marche plus uniquement parce que sa mère, ou son accompagnant habituel, vient, peut-être, de disparaître. Si personne n'informe les médecins de cet événement, ceux-ci vont lui administrer des médicaments, multiplier les examens, alors que c'est d'un accompagnement psychologique qu'il a besoin. C'est dans sa tête que les choses ont changé, pas dans son corps.

Voilà pourquoi le travail en réseaux est absolument indispensable : « Il faut chasser en meute », dit souvent le Dr Denormandie.

Dans le même ordre d'idées, même si la création d'un secrétariat d'État aux handicapés est une intention louable, c'est surtout la mission interministérielle récemment mise en place qui donne l'occasion de progresser. Beaucoup plus souple, elle permet de placer des antennes dans tous les ministères qui, à un moment ou à un autre, peuvent être concernés par des aménagements à effectuer ou des décisions à prendre en faveur des handicapés. Ce peut être aussi bien les Transports que l'Intérieur, la Santé ou l'Économie. Sans relais dans ces ministères, le secrétariat d'État doit à chaque fois dépêcher un émissaire et plaider son dossier pour obtenir satisfaction. Et les portes ne lui sont pas toujours grandes ouvertes, ni les oreilles attentives. C'est pourquoi les réseaux doivent être activés à ce niveau également.

En fait, le handicapé devrait être suivi d'un bout à l'autre de la filière, et ses proches ne devraient plus être confrontés au maquis des administrations et des centres de décisions pour obtenir sa prise en charge.

Cette prise en charge a bien montré que la perméabilité des secteurs sanitaires et médico-sociaux était absolument indispensable tant les prestations qui sont proposées par les deux secteurs sont naturellement imbriquées. Le cloisonnement des structures de décisions et des enveloppes dont elles disposent entraîne des difficultés quotidiennes dans les réponses globales qui doivent être offertes au niveau régional. Actuellement, seule une volonté politique permet de créer une cohérence entre les différentes activités.

Dès maintenant, les organismes sanitaires sont priés d'identifier et de désigner leur réseau médico-social, et vice-versa, ce qui facilite déjà les dialogues entre les différentes institutions. De même, le cloisonnement départemental ne peut permettre un fonctionnement efficace. Il est indispensable de mettre en place des règles régionales. Malheureusement, les régions ne manifestent guère leur volonté d'harmoniser les pratiques départementales, ce qui constitue un obstacle considérable dans la qualité des prestations, et complique le travail de tous les intervenants.

Je n'ai été que trop confronté à ces lourdeurs administratives. Je n'oublierai jamais mes angoisses lorsque nous cherchions désespérément un centre pour non-voyants en mesure d'accueillir Fabrice. Et aujourd'hui, une autre question se pose : comment allons-nous gérer son retour à son domicile lorsqu'il aura terminé sa rééducation à Marly-le-Roi, dans quelques semaines ?

Tout laisse à penser que sa jeune épouse, fatiguée, découragée, souhaitera bientôt s'évader et refaire sa vie. Peut-on le lui reprocher ? À trente-quatre ans, elle est en droit d'espérer autre chose de l'existence. Mais que deviendra alors Fabrice ? Il est évident qu'il ne pourra vivre seul et aucune des solutions que nous envisageons ne donne entière satisfaction.

Il est impensable de trouver une personne qui accepterait de s'installer à demeure avec lui. D'abord parce qu'il n'y a pas de candidat, ensuite parce que la charge serait bien trop lourde, enfin parce que, étalé sur une vie, cela coûterait une fortune.

Notre fils pourrait s'installer chez nous, comme le prévoit à terme mon ami le professeur Desgeorges, mais il nous faudrait alors, à notre tour, réaménager totalement notre maison pour l'adapter à son handicap. C'est toujours possible, mais nous devons surtout être conscients d'une autre réalité : ma femme et moi ne sommes plus tout jeunes et, dans quelques années, aurons-nous encore la force de nous occuper de notre fils ? Pis, qu'adviendra-t-il de lui après notre mort ? Son frère Christophe pourra prendre notre relève. Mais pas vingt-quatre heures sur vingt-quatre. Cette question récurrente nous obsède. Elle s'impose régulièrement dès que nous évaluons la situation et nous ne trouvons pas de réponse. J'ai déjà écarté l'idée de Berck. Mais quoi d'autre ?

Fabrice ne pourra qu'être placé dans une MAS, une Maison d'aide spécialisée. À condition qu'il y ait de la place. Ce n'est pas évident.

J'ai évoqué ce problème avec l'assistante sociale du centre de Marly qui m'a exposé ses difficultés à trouver des foyers d'accueil pour ses non-voyants, d'autant que beaucoup d'entre eux sont des polyhandicapés, ce qui ne facilite pas la tâche.

Elle aussi se réjouit de la mise en place de réseaux. D'ailleurs, elle n'avait pas attendu les directives gouvernementales pour tisser une toile à travers toute la France. En dix ans, elle a établi ses propres réseaux et se tient régulièrement informée des places disponibles, en fonction du profil des patients qu'elle doit placer. Elle doit être extrêmement vigilante sur ce point car les établissements d'accueil n'apprécient pas de recevoir un handicapé qui leur pose un problème d'adaptation.

Pour que le système fonctionne bien, il faut donc établir la confiance et ne jamais la trahir. Ce n'est pas simple et la jeune femme reconnaît qu'elle peut rechercher une place pendant deux ou trois ans et même, quelquefois, ne pas pouvoir proposer de réponse à une attente, notamment dans la situation à laquelle nous sommes exposés ma femme et moi, c'est-à-dire lorsque des parents sont devenus trop vieux pour assumer la charge d'un enfant handicapé qu'ils ont gardé toute leur vie.

L'assistante sociale se trouve alors dans de véritables impasses car l'« enfant » en question n'est plus jeune lui non plus et il a été entièrement assisté toute sa vie. Il est totalement dépendant et personne ne peut plus changer ses habitudes. Une maman de quatre-vingt-dix ans, devenue elle aussi dépendante, s'inquiétait ainsi de savoir qui allait raser, tous les matins, son fils de soixante-cinq ans, comme elle l'avait fait pendant plus de quarante ans.

Autre casse-tête pour l'assistante sociale : le cas d'un handicapé aveugle de cinquante-sept ans qui, lui aussi, avait toujours vécu avec sa maman. Lorsque celle-ci a dû être hospitalisée, son fils a d'abord été admis à l'hôpital avec elle, en moyen séjour. Mais la pauvre femme est décédée. Deux de ses nièces ont alors accepté de reprendre la tutelle de leur cousin, sans bien réaliser la charge que cela représentait.

Très vite, malgré toute leur bonne volonté, elles se sont révélées incapables de gérer la situation et ont appelé à l'aide. Mais que faire de cet homme qui n'avait jamais fréquenté d'institutions, jamais suivi de rééducation, n'en avait même jamais entendu parler. Il ne vivait que par sa mère, et celle-ci ne vivait que pour lui. Son univers se limitait à ce cocon maternel que rien ni personne ne pouvait plus remplacer.

C'est finalement le maire de la commune où il vit, une femme, qui a décidé de mettre en place, en liaison avec ses services sociaux, un système de maintien et d'aide à domicile orchestré par les deux cousines. Épaulées par des professionnels, mais aussi par des bénévoles qui se relaient aux côtés du handicapé, les deux femmes ont réussi à faire face aux difficultés. Mais une telle opération est lourde. Elle ne peut être qu'exceptionnelle et, pour les professionnels, elle n'est envisageable qu'en milieu rural.

On se fréquente davantage à la campagne, la solidarité y est plus naturelle, chacun passe volontiers chez un voisin pour déposer des provisions ou préparer une soupe sans que cela soit une contrainte. À l'occasion, on en profite même pour boire un petit coup. Il est certain que les contacts sont plus faciles et le climat beaucoup plus convivial que dans les grandes villes. Dans les villages, tout le monde connaît le père Léon ou la p'tite mère Marie et l'on va s'étonner si, un matin, leurs volets ne sont pas ouverts. Dans les villes, on ne le remarquera pas, ou l'on n'y prêtera pas attention.

Si elle est constatée, cette plus grande solidarité rurale ne résout pas pour autant l'épineux problème de la prise en charge des handicapés, ni le manque chronique de structures habilitées à les accueillir.

Spécialiste en droit des personnes et réparation du préjudice corporel, membre de l'UNAFTC (Union nationale des familles des traumatisés crâniens) et du comité exécutif du « Conseil national handicap : Sensibiliser, Informer, Former », créé à l'initiative du président de la République Jacques Chirac, Me Catherine Meimon Nisenbaum constate ce manque et le dénonce à longueur d'année.

Avant de définir son rôle et son action, je précise qu'elle ne s'occupe pas de la défense des intérêts de mon fils Fabrice.

Cette avocate ne se contente pas de plaider pour les victimes d'accidents ou d'agressions, elle consacre aussi son temps à leur suivi médical, à leur réinsertion, ou à leur prise en charge par les centres médicaux : « Parce qu'on ne peut pas laisser les gens se débattre dans leur misère, dit-elle, moi en tout cas, je m'y refuse. Ce n'est pas parce que je suis avocate que je dois limiter ma sphère d'activité au seul plan juridique. Je consacre également une grande partie de mon temps à me rendre dans les établissements où sont hospitalisés mes clients. Souvent, grâce aux bonnes relations que j'entretiens avec le corps médical, j'arrive à conforter une demande d'admission. L'aspect humain est essentiel. »

Hélas, même avec les meilleures volontés du monde, et celles, entre autres, des médecins, Catherine Meimon Nisenbaum obtient difficilement satisfaction tant les établissements sont remplis, ou inadaptés au handicap du malade. Les traumatisés crâniens, notamment, posent d'énormes problèmes car ils sont parfois agressifs, perturbent la communauté et doivent faire l'objet d'une attention permanente et de soins spécifiques que les structures de la plupart des centres ne peuvent pas leur accorder.

Il n'existe en France que deux centres privés spécialisés dans l'accueil des traumatisés crâniens, l'un à Ermenonville, dans l'Oise, le Pavillon Girardin, l'autre à Hyères, dans le Var. Les places y sont comptées. Les coûts de pension journalière y sont pourtant élevés en raison de la complexité des pathologies. Cette pénurie prouve bien le manque cruel d'établissements.

Faute de place, après leur rééducation, les traumatisés crâniens sont ainsi, souvent, rendus à leur famille qui doit « faire avec » et partager leur quotidien. Ce n'est pas simple et c'est épuisant pour tout le monde. Catherine Meimon Nisenbaum le sait. C'est pour cela qu'elle se bat, dans le prétoire et en dehors, pour obtenir réparation, indemnisation, garantie de prises en charge et reconnaissance.

D'autres difficultés apparaissent également lorsqu'il s'agit du retour ou du maintien à l'emploi d'une personne handicapée après un accident. Nombreux sont les employeurs qui se dérobent et qui démontrent qu'aucun poste ne peut plus convenir à leur ancien collaborateur. Cela dit, c'est souvent vrai. Certains patrons qui, eux, souhaiteraient sincèrement réintégrer un employé devenu handicapé, bien souvent ne le peuvent pas. Soit parce que celui-ci se trouve effectivement dans l'incapacité physique de reprendre un poste et qu'il est impossible de lui en aménager un sur mesure, soit parce que les médecins du travail, ou ceux de la Sécurité sociale, mettent leur veto, estimant que les conditions de travail proposées présentent un danger pour la personne handicapée, ou qu'elles ne répondent pas aux normes imposées par les différents codes de la santé et du travail. Tout cela n'est vraiment pas simple et, malgré leur bonne volonté, les employeurs doivent alors baisser les bras.

Quant à trouver un emploi pour une personne handicapée n'ayant jamais travaillé, cela relève du miracle. Seules des associations spécialisées parviennent à obtenir quelques marchés bien spécifiques, assez limités et peu épanouissants. Les cas d'insertion réussie existent mais ils sont extrêmement rares. Les handicapés sont donc condamnés à vivre avec l'allocation adulte handicapé fixée à 587 euros par mois à laquelle viennent s'ajouter un complément de la Sécurité sociale, fixé au cas par cas, et une allocation départementale tournant autour de 700 euros. Ces aides sont les bienvenues mais elles n'offrent pas la satisfaction du travail accompli et payé, le sentiment de participer à une activité, de tenir sa place dans la société.

Sans compter que les personnes handicapées qui n'ont droit à aucune indemnisation ne vivent, elles, souvent qu'avec ces seules ressources.

C'est triste mais c'est ainsi et mieux vaut le savoir le jour où l'on se retrouve face à l'offre d'un assureur ou, à défaut, à la décision du juge concernant le montant des indemnités allouées après un accident. Pour une personne gravement handicapée, c'est un substitut de salaire à vie que l'on détermine ce jour-là et, dans la plupart des cas, sauf aggravation notable, jusqu'à la retraite, il ne faudra attendre ni augmentation ni changement de situation. C'est bien pourquoi une extrême vigilance s'impose.

Chapitre 8

Le prix d'une vie

Un samedi soir, après dîner, j'observais Fabrice, prostré dans un fauteuil, le visage tourné vers une télévision qu'il ne voyait plus, et je m'interrogeais : que serait-il devenu s'il s'était retrouvé seul après son accident, sans personne pour le guider dans ce maquis juridique et administratif ? Il aurait été livré au bon vouloir des assureurs qui auraient traité le dossier au mieux de leurs intérêts, sans se préoccuper de son sort, de sa détresse physique, et surtout morale…

Car il ne faut pas rêver : les compagnies d'assurances s'en tiennent à leurs stricts engagements sans jamais faire preuve d'une grande générosité, et encore moins d'humanité. Ce n'est certes pas leur rôle. Elles sont là pour réparer des préjudices et non pour distribuer de l'argent. Leurs gestionnaires doivent rendre des comptes à leurs adhérents et à leurs actionnaires. Mais les indemnités versées sont parfois choquantes au regard des handicaps et des situations d'extrême détresse de certains blessés.

Il est clair qu'en cas de blessures graves, de handicaps lourds à vie, il ne faut pas se contenter d'un règlement à l'amiable entre assurances, mais porter l'affaire devant la justice. Et encore, cela ne suffit pas forcément pour obtenir une juste réparation du préjudice, car les magistrats ne sont, hélas, pas tous habitués à ce genre d'affaires. Le montant des indemnisations demandées est quelquefois si important qu'il leur donne le vertige et les choque. Ils ne réalisent pas toujours que les victimes sont souvent jeunes, que leur vie est brisée, et qu'elles vont avoir besoin de beaucoup d'argent pour vieillir tant bien que mal.

Il y a, au niveau des tribunaux comme ailleurs, une méconnaissance et un manque d'harmonisation évident dans le domaine du handicap. En effet, ce sont les tribunaux qui fixent le nombre d'heures et le taux horaire des aides à domicile, lorsqu'elles sont nécessaires, ainsi que le choix du barème de rente applicable de la tierce personne. Or certains tribunaux se réfèrent à un taux de rente établi par le Trésor public, et les autres à celui préconisé par les assurances, qui est moins avantageux pour la victime. On entre alors dans des calculs complexes.

Comment voulez-vous qu'un profane s'y retrouve dans cette jungle de chiffres, de barèmes, de taux, d'appréciations, où même les magistrats s'égarent quelquefois, ce qui conduit à des jugements disproportionnés d'un tribunal à l'autre ?

Ces disparités sont injustes. Partout en France, il existe des chambres spécialisées dans le droit social, dans le droit immobilier, et dans de nombreux autres secteurs, mais on en compte seulement trois spécialisées dans le droit à la réparation du préjudice corporel pour les accidentés de la route : la 19e chambre du tribunal de grande instance de Paris ; la 17e chambre de la cour d'appel de Paris ; et la 10e chambre de la cour d'appel d'Aix-en-Provence, dont dépend la ville de Marseille.

En dehors de ces juridictions, on estime, semble-t-il, que le nombre d'affaires à traiter ne serait pas suffisant pour créer des chambres spécialisées permanentes. C'est vraisemblable mais peut-être pourrait-on envisager de regrouper les dossiers et de prévoir dans l'année des séances ponctuelles où viendraient siéger des magistrats spécialisés.

Afin d'éviter ces inégalités une spécialisation s'impose.

Aujourd'hui, les avocats s'informent sur la jurisprudence des tribunaux, qui sont souverains pour apprécier le droit à réparation et le montant de l'indemnisation, et ils se doivent d'essayer de porter leur affaire devant le tribunal civil le plus favorable à leur client. Autrement dit, ils vont choisir celui qui paie le mieux... Eh oui ! Savez-vous que le code de procédure civile permet au demandeur à l'instance de choisir la compétence territoriale du tribunal civil qui aura à juger son affaire ? Ce choix n'est pas arbitraire, il est légal.

Prenons un exemple : un carambolage s'est produit sur l'autoroute à hauteur de Douai entre cinq voitures ABCDE ; dont les propriétaires, qui ne sont pas forcément les conducteurs, sont FGHIJ ; et les assureurs QLNMO.

Le tribunal de grande instance de Douai, lieu de l'accident, est compétent pour juger ce litige, mais il n'est pas le seul. Est également compétent le tribunal dont dépend le domicile de l'un des quelconques défendeurs au procès : ABCDEFGHIJ-QLNMO… Et si, par hasard, toutes les parties habitent une ville différente, la victime pourra alors porter son affaire devant l'un des quinze tribunaux de son choix.

Si cette victime n'opte pas pour la voie pénale afin d'obtenir réparation de son dommage corporel, son avocat sera tout de même amené à choisir devant quelle juridiction civile il entend faire juger l'affaire. Pour cela, il devra relever, sur le procès-verbal de police, toutes les adresses des propriétaires des voitures, ainsi que celles des conducteurs impliqués dans l'accident et celles des sièges de leurs compagnies d'assurances.

En fonction de cette liste, l'avocat pourra assigner indifféremment l'un des conducteurs impliqués ou sa compagnie d'assurances. C'est la jurisprudence du tribunal concerné qui dictera le choix car la victime se dirigera, évidemment, vers celui où elle estimera être le mieux entendue.

C'est pourquoi les victimes préfèrent parfois solliciter une indemnisation devant les juridictions civiles plutôt que pénales, et il n'est pas rare d'entendre des assureurs lancer dans les prétoires :

« L'avocat a encore amené une affaire artificiellement devant vous… »

La spécialisation des chambres mettrait un terme à ces pratiques. Elle permettrait aussi d'élargir les champs de saisine des tribunaux, mais c'est une autre affaire.

D'ailleurs la spécialisation ne concerne pas seulement les magistrats. Les avocats, eux aussi, ont compris qu'elle était indispensable dans ce domaine si particulier.

En défendant de plus en plus de personnes handicapées, notamment des traumatisés crâniens et des traumatisés médullaires touchés à la moelle épinière, Me Catherine Meimon Nisenbaum a constaté qu'il était souhaitable que leurs dossiers soient traités par des spécialistes parce qu'ils relèvent d'un droit spécifique.

La question a été étudiée en haut lieu et un diplôme a été créé. Il y a quatre ans, Me Meimon Nisenbaum a obtenu, à Paris, l'un des tous premiers certificats de spécialisation en droit des personnes en vue de la réparation du préjudice corporel. En 2004, elle a également obtenu ce que les juristes appellent un champ de compétence dans ce domaine.

Ce certificat de spécialisation et ce champ de compétence peuvent être portés sur le papier à en-tête de l'avocat, mais ils sont encore peu nombreux à s'en prévaloir, à peine une dizaine. Leur nombre augmenterait certainement si la mise en place des chambres spécialisées se généralisait.

Ainsi, magistrats, avocats, experts, victimes et assureurs parleraient un même langage, ce qui simplifierait les débats et ferait gagner beaucoup de temps dans une procédure déjà bien trop longue.

Dans ce domaine aussi, Me Meimon Nisenbaum fait des suggestions, mais c'est un vaste chantier où, de surcroît, les améliorations à apporter ne doivent pas coûter cher au ministère de la Justice. C'est la condition première.

L'avocate en appelle donc d'abord au simple bon sens. Elle préconise ainsi : l'accès direct pour les victimes au procès-verbal de police, ce qui n'est pas le cas aujourd'hui. Une procédure d'urgence pour les personnes gravement handicapées et les personnes âgées. La mise en place d'une exécution provisoire des jugements plus systématique.

Ces mesures seraient faciles à adopter et constitueraient un premier pas vers la clarification. Le parcours juridique de la victime doit être simplifié, et cela aussitôt après l'accident car les soucis administratifs et juridiques commencent bel et bien là.

Je me souviens, par exemple, comme j'étais furieux de ne pas pouvoir obtenir ce rapport de police officiel concernant l'accident de mon fils parce que la loi ne le permettait pas.

En effet, le procès-verbal dressé par les services de police, ou de gendarmerie, est adressé au parquet et aux compagnies d'assurances par le canal de

Trans PV, mais pas aux victimes, qui sont pourtant, a priori, les premières concernées. C'est étrange, mais c'est ainsi depuis la création de Trans PV le 28 novembre 1983.

À cette époque, en introduisant cet organisme dans le code de procédure pénale par les articles R 156 et C 1147, les législateurs croyaient bien faire. Leur décision partait d'un bon sentiment. Le directeur des affaires criminelles, Michel Jéol expliquait ainsi dans une circulaire : « Pour favoriser l'indemnisation rapide des victimes d'accidents de la circulation routière, il a paru nécessaire de faire remettre directement aux entreprises d'assurances, par les services mêmes qui les ont établis, la copie des procès-verbaux relatifs aux accidents survenus.

» Dès lors, à l'issue de leurs premières constatations, les différents services de police judiciaire adresseront à TransPV la copie certifiée conforme de la procédure destinée au Parquet, en même temps qu'ils feront parvenir l'original à celui-ci.

» Il appartiendra à cet organisme, spécialement créé par les entreprises d'assurances, d'établir des copies du document remis et de les faire parvenir aux assurances concernées ; le cas échéant, celles-ci les communiqueront aux organismes de sécurité sociale.

» Ces dispositions ont pour objet d'accélérer l'indemnisation des victimes. »

Certes ! Seulement, dans l'histoire les victimes passaient à la trappe. Il fallait une loupe pour découvrir, dans le texte, que les assurances devaient les avertir que ces fameux procès-verbaux pouvaient leur être communiqués, à leur demande, dans un délai d'un mois.

Cette précision n'apparaît pas en lettres capitales dans les correspondances entre les assureurs et leurs clients victimes d'accidents, loin de là. De plus, lorsque ces derniers réclament les rapports de police, le délai d'un mois est rarement respecté. C'est regrettable car, tant qu'ils ne possèdent pas ce procès-verbal, les avocats ne peuvent pas se constituer ni discuter pleinement de leur dossier avec leur client.

« Je ne peux rien demander, rien préparer tant que je ne connais pas les circonstances exactes de l'accident, explique Me Meimon Nisenbaum. Je ne peux m'en tenir au simple récit de mon client qui n'a aucune valeur juridique. Les magistrats s'appuieront sur le P-V pour juger. Il est donc tout à fait inutile d'entreprendre quoi que ce soit avant d'en connaître la teneur. Au contraire, je risquerais d'indisposer le juge si ma version des faits ne correspondait pas, par la suite, à celle relatée dans le P-V. Je lui ferais perdre du temps. De plus, la partie adverse s'engouffrerait dans la brèche pour émettre de multiples réserves et contestations. »

Et inutile d'essayer de se procurer ces indispensables P-V directement auprès des parquets. La démarche est légale. Mais, les délais sont encore plus longs : ils peuvent atteindre quatre à cinq mois, histoire de décourager le citoyen pour lequel la justice doit être rendue.

Les avocats doivent donc attendre et relancer les assureurs avant de pouvoir conseiller une victime et, s'il y a lieu, entamer un procès. Pourquoi ne pas avoir donné le droit à la victime d'obtenir directement son procès-verbal d'accident, tout comme elle a obtenu, récemment, celui de consulter directement son dossier médical ? Il existe deux parties, elles doivent avoir les mêmes droits.

Il faut rappeler qu'actuellement, quatre-vingt-dix pour cent des affaires sont résolues par la voie de la transaction à l'amiable entre victime et assureur. Seules dix pour cent relèvent du contentieux.

Il convient ici de dénoncer une pratique honteuse que nous avons découverte lors de notre enquête, une véritable arnaque. Pour qui a connu les urgences des hôpitaux ou les salles de réanimation, il en ressort une grande détresse humaine. Les familles, les proches sont abasourdis, « groggy ». Ces personnes sont incapables d'effectuer une analyse saine de la situation. D'où la tentation d'abuser de leur désarroi.

C'est ce que font certaines sociétés de recouvrement, derrière lesquelles se dissimulent des compagnies d'assurances. La pratique est la suivante. Dans les couloirs et les salles d'attente de certains hôpitaux rôdent des individus que nous désignerons pudiquement sous le nom d'« attachés commerciaux ». Ils repèrent les familles en détresse, flairent les petites gens, les familles démunies, et leur proposent leurs services pour leur faciliter les démarches administratives. Ils les assurent qu'ils feront jouer leurs relations pour accélérer le règlement des indemnisations. Si leur première démarche est infructueuse, ils reviennent à l'assaut un autre jour, ayant sans doute accès à des données médicales. Car ce genre de pratiques ne peut s'effectuer qu'avec la complicité de certaines personnes proches des victimes, et bénéficie sans doute de la mansuétude des services administratifs. Car, si un journaliste de passage découvre le pot aux roses, comment le personnel hospitalier, présent en permanence, peut-il l'ignorer ?

Toujours est-il que ces démarcheurs n'ont qu'un but : prendre le dossier en main. Une fois qu'ils l'ont, ils accélèrent effectivement la procédure et, pour prouver leur bonne foi et leur efficacité, proposent même un chèque d'avance. Quand on est démuni, quand on est perdu dans les arcanes administratifs, on apprécie avec soulagement cette aide inespérée.

Seulement voilà, la suite, on l'imagine sans peine. Agissant pour la société d'assurances adverse, le courtier a tout intérêt à aller très vite. Il propose le plus rapidement possible à la victime un chèque dont le montant paraît énorme lorsqu'on n'est pas très riche, mais qui est bien inférieur à la somme que tout bon cabinet d'avocats aurait pu obtenir. Les assureurs se frottent les mains et, au passage, la société de recouvrement empoche dix pour cent du montant du chèque.

En juin 1995, à l'occasion d'un colloque marquant le dixième anniversaire de la loi Badinter, Mme Nehr-Schraub, conseillère à la 17e chambre de la cour d'appel de Paris, chambre spécialisée, a fait observer : « Chaque fois que nous avons connaissance d'une transaction directe entre assuré et assureur, nous sommes surpris, car les montants alloués par cette voie sont inférieurs de moitié, voire parfois des deux tiers, aux sommes que nous aurions accordées dans les mêmes circonstances. »

Lorsqu'on sait que les indemnités accordées aux victimes peuvent porter sur des millions d'euros, on comprend mieux que les compagnies d'assurances préfèrent éviter les tribunaux, et traiter directement avec les victimes.

Seuls inconvénients pour ces dernières lorsqu'elles portent l'affaire en justice, les procès sont longs et elles doivent être patientes. C'est plus difficile à supporter moralement que financièrement car, dans un premier temps, certains blessés continuent à percevoir leur salaire, en fonction de ce qui est prévu dans leur convention collective. Puis, dès que les procès-verbaux de l'accident sont réceptionnés, dans les cas non contestables, des provisions sont versées par les assurances, soit à l'amiable, soit par décision du tribunal s'il y a action en justice. En règle générale, la décision intervient quatre à cinq semaines après la saisine du juge des référés.

Ensuite, ce qui paraît interminable aux victimes c'est le temps nécessaire à la « consolidation » de leur état médical, c'est-à-dire le stade où les experts estiment que le handicap s'est stabilisé, qu'il ne pourra plus ni s'améliorer, ni s'aggraver.

Pour le traumatisme crânien et le traumatisme médullaire, il faut compter souvent trois ans pour obtenir cette consolidation. Pendant cette période aucune fixation de l'indemnisation définitive des dommages n'est possible, ni judiciairement, ni à l'amiable, ce qui interdit la liquidation du dommage.

En attendant, la victime obtient des provisions dont le montant est fixé soit par la justice, soit en accord avec la compagnie d'assurances.

Lorsque la consolidation survient enfin, un rapport médical définitif établit les différents chefs de réparations. On évalue alors tous les types de préjudices supportés par la personne handicapée : préjudice professionnel, préjudice d'agrément, préjudice esthétique, préjudice sexuel, préjudice imposé aux tierces personnes, *pretium doloris*... On va également évaluer quels aménagements particuliers doivent être apportés à son véhicule, à son logement, quels appareillages lui seront indispensables.

Lors de ce rendez-vous, il est préférable qu'un médecin-conseil assiste la victime afin de contester, éventuellement, les propositions de son confrère représentant les assureurs.

Par la suite, à l'appui de ce rapport, les parties vont transiger ou saisir le tribunal pour obtenir le montant de leur indemnisation. Car rien n'est simple. La responsabilité de la victime, totale ou partielle, peut être évoquée et l'imputabilité des dommages peut être contestée, surtout lorsqu'il s'agit de traumatisés crâniens. Résultat, au lieu des trois ans nécessaires, en moyenne, à la consolidation, il faudra compter la plupart du temps cinq ans à partir de la date de l'accident pour que le tribunal rende son jugement. En cas d'accord amiable, le délai nécessaire à la consolidation reste incompressible.

C'est pour cela que Me Meimon Nisenbaum souhaite que les dossiers concernant des personnes gravement handicapées, ou âgées, soient jugés en priorité, et que l'exécution provisoire des jugements soit plus largement accordée. Les victimes attendent trop, elles sont en droit d'avoir la paix afin de se reconstruire.

Attention tout de même, un procès, c'est épuisant. Et il ne faut surtout pas se précipiter, les assurances n'attendent que cela. Il est nécessaire, au contraire, de prendre son temps, de ne rien céder et de peser en permanence le pour et le contre, notamment pour ce qui est du mode d'indemnisation. En général on choisit la formule de la rente à vie. Elle présente l'avantage de la sécurité mais, à l'inverse du capital, elle n'est pas transmissible aux héritiers.

Là encore, les chambres spécialisées savent apprécier ce genre de situations. Et le juge de tutelle veillera à ce que l'argent destiné à la personne invalide ne soit ni détourné, ni mal géré.

Ces dernières années les magistrats ont innové dans plusieurs domaines médicaux et financiers. Ils n'ont pas hésité à prendre des mesures de bon sens notamment par l'application du barème du TD 88/90 du Trésor public, qui permet de réévaluer en permanence le coût d'une tierce personne au service du handicapé, facilitant ainsi une prise en charge à domicile.

Cela dit, ce taux horaire, qui varie de huit à treize euros selon les régions est encore bien trop bas, le prix du marché étant estimé à dix-sept euros.

En revanche, si le handicapé reste dans sa famille, ses proches peuvent maintenant prétendre aux allocations prévues. C'est assez logique, d'autant que les aides médicales professionnelles sont tellement rares qu'il vaut mieux encourager les familles à s'en dispenser, quand cela est possible.

Toutes ces mesures, qui ne coûtent rien à la Sécurité sociale puisque celle-ci se rembourse auprès des assurances, vont dans la bonne direction. Elles tendent à réparer au mieux le préjudice physique, à faciliter la vie du patient, et c'est déjà énorme. Pour cela, l'argent est indispensable. Mais il ne répare pas tout.

Le plus gros chèque du monde ne pourra jamais effacer la détresse psychologique causée par le handicap, tant pour le blessé que pour sa famille. On peut calculer le coût d'une vie, pas sa valeur.

Pour tous les acteurs, l'affairc cst cntcndue le jour où le dossier est clos. La société a rempli son contrat, elle a payé, elle passe à autre chose. Mais le handicapé, lui, reste assis dans son fauteuil roulant, face à son pécule, et ses proches se demandent comment ils vont organiser sa vie. Comment ils vont organiser leur vie.

C'est le temps de l'adaptation, de la réorganisation, la découverte des « accessoires » dorénavant indispensables. Chacun va devoir apprendre à vivre avec eux autrement. Et ce n'est pas simple.

Chapitre 9

La canne et le fauteuil

Lorsqu'on est paralysé, aveugle, handicapé mental, il est plus facile de sauter en parachute que d'aller acheter une baguette de pain au bout de sa rue. Le grand saut dans le vide ne requiert qu'un peu de courage pour s'élancer. Ensuite il suffit de se laisser porter. Le chemin qui mène jusqu'à la boulangerie, lui, est parsemé d'embûches. Une poubelle mal rangée qui bloque le passage, un camion de livraison qui mord sur le trottoir, quand il n'y stationne pas, un vélo attaché à la hâte au premier piquet venu, autant de pièges qu'il faut détecter, identifier, contourner. Ces désagréments irritent tous les piétons, mais ne les contraignent qu'à faire un détour. Pour les handicapés ils constituent bien souvent un barrage infranchissable.

Ce qui n'est qu'un petit contretemps pour quelqu'un en pleine possession de ses moyens devient une entrave absolue à la progression pour un handicapé qui doit manœuvrer son fauteuil ou trouver son chemin à l'aide d'une canne blanche. Ne parlons pas de mon fils qui cumule ces deux handicaps car, même s'il peut faire quelques pas aujourd'hui, toute longue promenade sans fauteuil et sans accompagnement est exclue.

Dans ces conditions, le matériel d'assistance proposé aux handicapés est primordial, tout comme les différents aménagements urbains destinés à faciliter leurs déplacements. On a trop longtemps sous-estimé ces problèmes, pourtant on vend chaque année quatre vingt mille fauteuils roulants en France, dont la moitié à des personnes âgées de plus de soixante-cinq ans. Il ne s'agit donc pas d'un secteur marginal. Les industriels commencent d'ailleurs à en prendre conscience. Ils sont aujourd'hui des centaines dans le monde à concevoir des prototypes. Rien qu'en France, quatre cents modèles différents sont aujourd'hui proposés et très souvent leurs concepteurs sont eux-mêmes handicapés. C'est d'ailleurs un mutilé de guerre, Poirier, qui a mis au point le tout premier fauteuil roulant après la guerre de 1914. Il reprenait le principe de la bicyclette, le pédalier étant simplement actionné avec les bras.

Au fil des ans, les techniques ont progressé, le matériel s'est affiné, les matériaux se sont allégés et les fauteuils ont de plus en plus été adaptés aux besoins de chacun. Car le problème est là : tous les handicapés n'ont pas la même demande. Mon fils, par exemple, qui ne dispose plus que d'un bras, le gauche étant paralysé, ne pourrait se déplacer seul qu'en fauteuil à commande électrique car il n'aurait pas la force de tourner les roues d'un fauteuil mécanique. Cela dit, le pauvre étant de surcroît aveugle, aucune des deux solutions n'est envisageable. Mais c'est un cas tellement particulier…

Les jeunes gens sportifs préféreront les fauteuils ultralégers avec lesquels ils pourront faire du tout-terrain, voire de la compétition, alors que les personnes âgées vont privilégier le confort et la facilité de manœuvre.

Le choix du fauteuil est délicat, important, mais il est également douloureux. Kinésithérapeute à l'hôpital Raymond-Poincaré de Garches, Bruno Guillon redoute toujours cet instant pénible où les handicapés qui vont quitter l'hôpital viennent choisir leur fauteuil, celui avec lequel ils vont partir.

« C'est à cet instant qu'ils prennent conscience qu'ils ne marcheront plus, confie Bruno Guillon, et la plupart d'entre eux s'effondrent. Même les plus courageux vivent très mal ce moment qui les place face à une réalité que beaucoup refusent toujours d'admettre. J'entends souvent dire que ça n'a pas grande importance, que ce n'est que pour quelques mois… »

Le kiné sait bien qu'il n'en est rien et il ne peut entretenir l'illusion. Il lui faut alors trouver les mots justes pour dicter le choix, conseiller le fauteuil le mieux approprié en fonction des goûts, des envies, de la personnalité et des motivations de chacun.

Ce pénible moment a été évité à Fabrice. Comme il parvient à faire quelques pas, il n'a pas eu cette impression de choix définitif. Pour lui, le fauteuil est un apport ponctuel.

Chaque handicapé est un cas particulier. Récemment, un jeune trapéziste, victime d'une terrible chute, a choisi un fauteuil ultraléger sans accoudoirs. En temps normal, il n'aurait pas pu s'y tenir assis sans tomber, mais grâce aux notions d'équilibre et à la force physique acquises dans son cirque, en quelques heures il s'est parfaitement adapté à ce fauteuil qu'il manœuvrait à la perfection.

Un autre handicapé, breton, passionné de voile et de canoë, a mis au point et commercialisé un fauteuil aux allures de char à voile qui lui permet de circuler sur les plages, d'aller jusqu'à son bateau, et même de remorquer son canoë.

Vendu 2 300 euros, ce fauteuil de loisirs a déjà intéressé plusieurs municipalités qui le louent dès les premiers rayons de soleil aux estivants handicapés.

En fonction de leurs désirs, de leurs activités, bon nombre de personnes à mobilité restreinte travaillent ainsi à l'amélioration constante de leur fauteuil et expriment leurs souhaits, leurs besoins, leurs suggestions aux professionnels.

Beaucoup se plaignaient ainsi d'être toujours « regardés de haut » et de devoir sans cesse lever la tête. Ne pas pouvoir se tenir debout, dialoguer d'égal à égal, les frustrait, les humiliait. Des techniciens ont alors planché sur le sujet et ont mis au point un système permettant au fauteuil de se déployer, de passer à la verticale en maintenant le corps debout, fixé au fauteuil par un système de cales et de verrouillages.

D'autres chercheurs travaillent aussi sur des prototypes de fauteuils équipés de chenillettes. Ils pourront gravir les pentes les plus raides, voire des escaliers. Les ingénieurs n'en sont toutefois qu'aux essais et reconnaissent que, pour l'instant, l'usage de l'engin est dangereux, mais ils ne désespèrent pas de parvenir à leurs fins.

Seul problème : ce fauteuil coûtera cher et il y a peu de chance que la Sécurité sociale le rembourse, l'organisme étant déjà très vigilant sur le remboursement des fauteuils traditionnels qui peuvent coûter de 559 à 3900 euros selon le modèle choisi et ses équipements. Pour que la Sécu valide l'achat, il faut que des médecins-conseils aient donné leur accord et que le patient ait essayé et testé le fauteuil. Ce système de remboursement n'est pas forcément le meilleur car la morphologie du malade, tout comme ses handicaps, peuvent évoluer au fil des mois. Et souvent, quelque temps après l'achat, le fauteuil n'est plus adapté à la taille ou aux besoins de son possesseur. En Suède, par exemple, les fauteuils sont la propriété des organismes sociaux qui les entretiennent et les prêtent aux handicapés en fonction de leurs attentes. Chacun semble y trouver son compte. D'ailleurs, d'une manière générale, les pays nordiques sont très en avance sur la France dans l'approche du handicap au sein de la société. Nous installons actuellement ce qui est en place chez eux depuis de nombreuses années, comme les barres de maintien fixées aux murs, les lève-personnes, qui aident à passer du lit au fauteuil sans difficulté, ou d'ingénieux appareils qui permettent d'entrer dans une baignoire et d'en sortir tout en restant assis, sans risque de chute. Mais un mécanisme de ce type coûte entre 760 et 15 200 euros et n'est pas remboursé.

Cela dit, il a l'avantage d'exister, ce qui n'est déjà pas mal. Cela prouve que l'on s'intéresse enfin aux problèmes rencontrés au quotidien par les handicapés.

À Saclay, près du centre universitaire, dans le laboratoire Aimé-Cotton, des chercheurs du CNRS se penchent, eux, sur le sort des non-voyants. Ils tentent d'améliorer leurs déplacements en rendant leur canne blanche intelligente.

En 1998, ils ont déjà mis au point un petit boîtier à infrarouges baptisé Tom Pouce. De la taille d'un paquet de cigarettes, il se fixe au sommet de la canne, ou sur un doigt, et émet des vibrations en fonction des obstacles détectés dans un rayon de trois mètres.

Mais il y a mieux encore. Il y a cinq ans, après dix années de recherches, un appareil de même format, mais équipé d'un rayon laser, a été réalisé. Tenu à la main, il ne remplace pas la canne mais la complète efficacement en détectant à douze ou quinze mètres, non seulement les obstacles au sol, mais également ceux placés en hauteur comme l'arrière d'un camion, le rebord d'une fenêtre qui échappent au balayage de la canne. Grâce à ce système et à sa longue portée, le non-voyant peut anticiper l'obstacle. Il perd cette attitude typique de l'aveugle, crispée en arrière pour amortir un choc toujours possible. Sa démarche devient plus fluide, très proche de celle d'un voyant.

L'apport de ce rayon laser, sorte de canne virtuelle, est précieux mais hélas, son utilisation n'est pas évidente. Il faut savoir interpréter et déchiffrer les informations fournies et hiérarchiser le signal sonore.

Or, un enfant met sept à huit ans avant de savoir utiliser pleinement sa vue et d'être, par exemple, capable de bien apprécier le danger d'un véhicule en mouvement. Il ne faut donc pas s'attendre à ce qu'une personne qui a perdu la vue retrouve spontanément le mode d'utilisation d'un nouveau dispositif de perception. On estime que trente-cinq heures de formation, au minimum, sont nécessaires pour bien maîtriser ce boîtier laser. L'initiation avec un professeur s'effectue au Forum des Halles, là où le terrain est « le plus miné », les déplacements les plus délicats, au milieu de la foule, au sein d'une architecture déchirée, et d'un espace perpétuellement encombré.

Cette formation coûte 1 830 euros. Quant à l'appareil, il est vendu 2 300 euros contre 650 euros pour le Tom Pouce. Le Lion's Club s'investit beaucoup dans l'aide à l'achat et la distribution de ces boîtiers. Des subventions sont également versées par l'Agefiph, un fonds pour l'insertion professionnelle des personnes handicapées. Ce fonds est en partie approvisionné par les entreprises de plus de vingt personnes qui n'emploient pas de handicapés et versent une taxe en contrepartie, en application de la loi. Elles sont nombreuses à préférer payer cette taxe plutôt que d'embaucher. Soixante pour cent des handicapés qui pourraient travailler sont inscrits au chômage.

Par le biais de ces associations, les non-voyants les plus démunis peuvent donc acquérir tout de même leur canne électronique.

Je connais bien ce problème des boîtiers laser car mon ami Gilbert Montagné collabore avec les chercheurs de Saclay. Il m'avait fait part de leurs travaux il y a quelques mois. J'y avais consacré une émission de télévision dans laquelle j'abordais la prochaine étape de leurs recherches : le couplement de la canne laser avec un système GPS qui permettrait aux non-voyants de s'aventurer loin de chez eux en sachant toujours exactement où ils se trouvent grâce au guidage satellite. En fonction de leur lieu de destination, enregistré à l'avance, des informations extrêmement précises pourraient leur être communiquées vocalement, exactement comme cela se fait visuellement dans les voitures : « Tournez à gauche maintenant ; traversez l'avenue Schoelcher ; tournez à droite : vous êtes arrivé à destination… »

Tout cela fait rêver mais, dans le petit laboratoire Aimé-Cotton de Saclay, l'un des collaborateurs de l'équipe, Aziz Zogagi, non-voyant, reste prudent. Pour lui, il y a encore bien des difficultés à surmonter avant d'en arriver là. Il croit fermement au projet, il est persuadé qu'il aboutira, mais il ne s'engage pas sur une date, trop conscient de la complexité du matériel.

En revanche, il parle volontiers des prouesses des logiciels qui transposent les textes en braille sur son ordinateur et lui permettent de travailler, de rester connecté avec la société, d'exister.

Les handicapés recherchent avant tout cette intégration, et nous devons leur donner les moyens d'y parvenir. Le matériel mis à leur disposition facilite leurs déplacements, encourage leurs initiatives, mais cela ne suffit pas. Il faut aussi adapter l'urbanisme pour éviter que le handicapé se retrouve brusquement en difficulté, pris dans un piège auquel les architectes n'avaient pas pensé.

Pendant très longtemps, les écoles d'architecture n'ont dispensé aucun enseignement sur les aménagements particuliers destinés aux handicapés. Ceux-ci étaient exclus des plans. On construisait pour des gens « normaux » ; les autres devaient s'adapter au terrain et non l'inverse.

Des modules spécifiques ont maintenant été introduits dans les cours et les cahiers des charges obligent les architectes à prévoir des accès pour handicapés dans tous les bâtiments. Les personnes à mobilité réduite ne sont plus des exclus, des parias, la société les prend en compte mais cela ne va pas sans poser, quelquefois, des problèmes.

Les aménagements réservés aux personnes invalides ne sont pas toujours très esthétiques, ils dérangent certains résidents et usagers. De même beaucoup de signaux sonores installés pour les aveugles sur des feux de signalisation ont dû être retirés à la demande de riverains qui se plaignaient du bruit incessant et désagréable. Il n'est jamais facile de satisfaire tout le monde. Ainsi, les voitures électriques, si chères aux écologistes, vont constituer autant de pièges pour les aveugles qui ne les entendront plus venir.

Pourtant on commence à réaliser que certains aménagements destinés, a priori, uniquement aux handicapés peuvent être utiles à bien d'autres personnes. Souvenons-nous de l'histoire de la télécommande infrarouge pour les téléviseurs. Prévue pour les handicapés, elle a été adoptée par tous.

Les jeunes mères de famille, par exemple, sont ravies de pouvoir accéder et entrer avec leur poussette dans des toilettes larges et spacieuses. Celles-ci permettent également aux obèses, hélas en nombre croissant, d'être, eux aussi, plus à l'aise. Quant aux personnes âgées, elles préféreront bien souvent les rampes d'accès en pente douce aux marches trop raides d'un escalier et elles apprécieront aussi les marchepieds surbaissés dans les trains dont les voitures leur sont bien souvent inaccessibles.

Et puis il y a aussi, pour tous, les utilisations temporaires des aménagements réservés aux handicapés. Lorsqu'on a une jambe dans le plâtre et qu'il faut se déplacer avec ses cannes anglaises, on apprécie les plans inclinés, les trottoirs escamotés, et les bus aménagés. Autrement dit, les installations particulières en faveur des handicapés peuvent améliorer le confort de tous. Les recherches et études entreprises pourraient être appliquées dans d'autres domaines, tout comme la conquête de l'espace nourrit les technologies les plus traditionnelles et améliore notre quotidien sans que nous en ayons conscience.

Prenons le guidage par satellite pour les aveugles : il pourrait parfaitement être élargi aux randonneurs, aux chercheurs de champignons distraits qui, le nez au ras de la mousse, en oublient leur chemin, voire à tous les touristes pour les aider à découvrir à pied un site, une ville.

Le handicapé demande plus à être reconnu que secouru, il ne vit pas à part, il vit autrement et il faut accepter sa différence, en tenir compte dans nos décisions et nos projets. Nous ne pouvons plus nous contenter du schéma idéal : deux yeux, deux bras, et deux jambes valides. Plus de cinq millions de personnes n'ont pas cette chance, aussi devons-nous nous adapter à leurs difficultés en cessant de les placer en marge de notre société.

Les pays nordiques ont amorcé ce virage depuis longtemps ; la France y vient doucement elle aussi. Les mentalités évoluent enfin.

À Paris, le cinéma Arlequin, 76 rue de Rennes, dans le sixième arrondissement, vient de rendre le cinéma accessible aux sourds et aux aveugles. Huit films français seront ainsi sous-titrés chaque année à l'intention des sourds. Quant aux aveugles ils seront équipés d'un casque et pourront s'imprégner de l'ambiance du film par un système d'audiodescription :

une voix leur décrira le décor, les personnages, les couleurs. Ce montage ne coûte que huit mille euros. Il a pu être réalisé grâce à un partenariat entre la direction de l'Arlequin, la Mairie de Paris et les sociétés Dolby et Titra Films.

La Mairie de Paris et la région Île-de-France viennent également de lancer un appel à candidature à tous les chauffeurs de taxi souhaitant aménager leur voiture pour le transport de personnes handicapées. Au total, trente taxis devraient être adaptés pour les personnes à mobilité réduite, aux termes d'une convention signée en 2003 entre le conseil régional et la Ville de Paris pour financer cet aménagement et permettre une amélioration significative de la situation actuelle.

De son côté, l'association Mobile en ville a organisé une balade pas comme les autres à travers Paris. Le 10 octobre dernier, elle avait invité les adeptes des rollers à sillonner les rues de la capitale en poussant devant eux les fauteuils roulants de handicapés. Cette randonnée conviviale s'est rapidement transformée en franche rigolade.

De tels exemples sont rassurants. Nous sommes peut-être, enfin, sur la bonne voie puisque même les assureurs prennent des initiatives intéressantes.

La MAAF a ainsi créé une Fondation qui s'est fixé pour but l'accompagnement social des traumatisés crâniens. Son président, Jean-Claude Seys, a pris cette décision après avoir constaté que chaque année, en France, cent soixante mille personnes survivaient à un traumatisme crânien après un accident de la circulation, du travail, ou du sport. Parmi elles, huit mille cinq cents restent gravement handicapées. Ce sont, pour la plupart, de jeunes hommes de toutes classes sociales. La moyenne d'âge des traumatisés crâniens est de vingt-sept ans et, en dix ans, le nombre de conducteurs de scooters blessés dans des accidents est passé de seize à trente-deux pour cent C'est énorme !

« Le traumatisme crânien est une épidémie silencieuse », assure Jean-Claude Seys qui convient que la société a mis bien du temps à s'en soucier. Pendant des années, elle n'a su où classer ses traumatisés crâniens. Le handicap mental n'était en effet pas reconnu. On savait que ces gens-là n'avaient plus toute leur tête, mais néanmoins ils n'avaient pas leur place dans un asile d'aliénés. Plus tout à fait sains d'esprit, ils n'avaient pas pour autant perdu totalement la raison et ne troublaient pas souvent l'ordre public, bien que là encore on ait minimisé la situation, faute de savoir la gérer.

Car le traumatisé risque d'être agressif. C'est l'une des caractéristiques de son handicap. La plupart du temps, il se limite à de violentes colères, à des insultes, à des objets fracassés, mais quelquefois il peut aller jusqu'à des agressions physiques, voire sexuelles. Dans ces cas-là, les magistrats ne savent que faire du délinquant. Ne pouvant ordonner un internement d'office ils n'ont d'autre solution que d'envoyer le traumatisé en prison où il n'a pourtant pas sa place. Et de plus, il pose d'énormes problèmes à l'administration pénitentiaire comme aux gardiens.

Tout récemment une mère a ainsi supplié un juge d'extraire son fils de cet enfer carcéral où il l'avait confiné et où le malheureux devenait, cette fois, complètement fou. Conscient du problème, le magistrat n'a pu que répondre :

– Madame, pour la seconde fois votre fils a agressé une femme dans la rue. Il représente un danger. Je sais que sa place n'est pas en prison, mais je n'ai pas d'autre alternative. Je ne peux le laisser libre, et je ne sais pas à qui le confier.

Moyennant quoi, pour l'empêcher de nuire, le jeune homme est enfermé derrière des barreaux comme un animal.

Il a fallu des années de lutte aux familles des traumatisés crâniens pour que l'on prenne enfin en compte ce handicap mental et qu'on le traite comme tel.

C'est ce que fait aujourd'hui Jean-Claude Seys avec la Fondation de la MAAF. En quatre ans, cette fondation a ouvert, à Bordeaux, six maisons destinées à accueillir chacune quatre traumatisés crâniens. Cette expérience, réalisée à l'initiative et avec la participation d'associations locales, devrait être étendue à toute la France. À terme, le besoin est estimé à quarante maisons. Le principe et le fonctionnement donnent satisfaction à tous les intéressés et rien ne semble donc s'opposer au développement de l'opération, dont le but est leur intégration.

Pour cela, la compagnie d'assurances achète de petites maisons bien situées au cœur d'un quartier, ou les fait construire, puis elle en confie la gestion aux associations et, notamment, à Traumatisme crânien Assistance qui forme, fournit et paie le personnel. Ils sont actuellement quarante-six salariés à Bordeaux à s'occuper de soixante-cinq traumatisés. La plupart d'entre eux peuvent continuer à vivre dans leur appartement, mais vingt-quatre sont installés à demeure dans ce que l'on a baptisé « les maisons des quatre ».

J'en ai visité une et j'ai pu admirer le dévouement de la jeune maîtresse de maison, Nathalie. Secrétaire médicale de formation, elle s'ennuyait un peu derrière son bureau et a préféré s'investir dans cette aventure. Elle ne le regrette pas. Et pourtant, quel travail !

La maison est située dans un coin tranquille de Bègles, une commune voisine de Bordeaux. Donnant sur une petite rue bourgeoise, elle dispose, à l'arrière, d'un jardin. Au fond un atelier de peinture a été aménagé pour l'un des locataires. Il y passe des heures entières à peindre des fusées, la lune et le soleil. C'est son espace, son oxygène. Un autre locataire s'adonne, lui, au chant et répète dans le jardin les chansons qu'il offrira à ses amis lors d'un dîner d'anniversaire, d'une fête.

Ils sont quatre à vivre là, tous à peu près du même âge, cinquante, soixante ans, et tous quatre victimes d'accidents de la route.

Chacun paie un petit loyer aux associations, possède sa chambre et l'aménage comme il veut. Une femme de ménage en assure l'entretien. Sous le contrôle de Nathalie, les quatre hommes participent à la vie de la maison dans la mesure de leurs moyens, car il faut bien reconnaître que leurs initiatives sont extrêmement limitées. Mettre et débarrasser le couvert, charger le lave-vaisselle n'est déjà pas si mal. C'est une autre caractéristique des traumatisés crâniens : ils perdent toute notion de responsabilité, de raisonnement, de continuité. Nathalie et les deux autres jeunes femmes qui l'assistent dans la journée doivent donc veiller en permanence sur eux, organiser leurs journées, leurs activités, leurs promenades. C'est un travail éprouvant que les jeunes femmes accomplissent pourtant avec tout leur cœur. Mais l'un des responsables de Traumatisme crânien Assistance reconnaît qu'il peine à trouver du personnel.

Rien d'étonnant, Nathalie vit vingt-quatre heures sur vingt-quatre avec ses protégés. C'est fatigant. Elle peut juste s'isoler et souffler un peu le soir dans un petit studio aménagé pour elle au premier étage de la maison. Un veilleur de nuit prend alors le relais et assure la sécurité.

L'organisation et la gestion de telles maisons sont assez lourdes puisqu'elles monopolisent trois personnes à temps plein, le jour, et une la nuit pour s'occuper des quatre personnes hébergées. Mais si l'on y regarde de plus près, les traumatisés crâniens qui restent à leur domicile ou dans leur famille posent autant de problèmes de surveillance et d'assistance, si ce n'est plus. Je connais une mère de famille qui doit faire appel à cinq personnes différentes chaque jour pour s'occuper de son fils polyhandicapé. Les « maisons des quatre » permettent justement de soulager et de rassurer les familles en les déchargeant de ces contraintes quotidiennes sans qu'elles en soient culpabilisées. Elles les rassurent aussi pour l'avenir.

Les traumatisés peuvent rester dans leur « maison des quatre » tout le temps qu'ils le désirent, à vie s'ils le souhaitent. Ils ne risquent donc plus de se retrouver totalement abandonnés lors de la disparition de leurs proches. Pour les familles, c'est un soulagement inestimable, une interrogation majeure qui s'estompe.

Certes difficile à mettre en place, et surtout à consolider, le concept est donc bon et peut donner des idées à d'autres assureurs, car il présente aussi des avantages pour ces derniers. Ce n'est pas négligeable, et peut même contribuer à son développement.

D'abord, en offrant leurs structures aux handicapés et en leur assurant une assistance, ces maisons peuvent clarifier ce que Jean-Claude Seys appelle « le jeu de l'oie des indemnisations ». Et c'est un assureur qui le dit ! En effet, grâce à ces maisons, il sera plus simple pour les juges de calculer le coût d'une journée et les besoins du traumatisé. Sans servir de référence, puisque chaque cas reste individualisé, ces maisons peuvent fournir une base pour le calcul des indemnisations de ceux qui souhaitent les intégrer.

Autre avantage de taille : grâce à la certitude de l'hébergement et de l'assistance à vie que ces maisons offrent aux traumatisés, les assureurs espèrent éviter la réouverture des dossiers, quelquefois vingt ans après l'accident, pour réévaluer le montant des indemnités en fonction des changements de situation. Les deux parties pourront en effet s'accorder sur un suivi et des garanties d'accueil. À condition que les statuts des maisons soient clairement définis lors de leur création, et que leur principe ne soit pas remis en cause dans quelques années. Les avocats restent vigilants sur ce point mais pour l'instant la MAAF et les associations de traumatisés crâniens sont satisfaites et se félicitent de cette initiative intelligente, innovante et humaine.

L'accord est important car il prouve que l'intégration des handicapés, la prise en compte de leur différence peuvent résoudre des problèmes, bien plus qu'elles n'en posent.

C'est valable à l'échelle de la maison comme de la ville.

Chapitre 10

Lourdes, la ville où le handicapé est roi

La photo est toujours bien en vue sur le bureau de ma femme Josiane, posée à côté de son ordinateur. On y voit Fabrice devant la basilique de Lourdes, assis dans son fauteuil roulant au milieu d'un groupe de handicapés. C'était en mai 2003. Il faisait beau.

À cette époque, ma femme et moi espérions encore que notre fils pourrait, peut-être, récupérer partiellement la vue de l'œil gauche. Sans trop y croire, un médecin l'avait vaguement envisagé, ajoutant aussitôt qu'il s'agirait d'un « miracle ».

Miracle. Le mot était lâché !

C'est Fabrice qui, le premier, a évoqué Lourdes. Mettons-nous un instant à sa place. Chaque matin, lorsqu'il se réveille, il ne sait pas qu'il fait jour. Il ne sait pas s'il fait beau. Il ne verra plus jamais le bourgeon qui éclate, la fleur qui s'épanouit. Voir ! Sortir de la nuit. Comme le médecin ne sait pas encore réparer son nerf optique comprimé par l'hématome, seul un miracle, comme il le dit, pourrait le réactiver. Fabrice, qui s'accroche à toutes les propositions qui entretiennent l'espoir, a alors exprimé le souhait d'aller à Lourdes. Pourquoi pas ? L'irrationnel allait l'emporter sur le rationnel. Je ne crois pas aux miracles mais leur reconnais une vertu thérapeutique par leur action psychologique. Va pour Lourdes.

Josiane a contacté l'un de nos amis, brancardier à Tours, qui accompagne régulièrement des pèlerins jusqu'à la grotte Massabielle. Il nous a immédiatement proposé de nous joindre à son groupe lors du prochain voyage, prévu pour le mois de mai.

C'est ainsi que Josiane, Fabrice et son beau-père sont partis pour Lourdes. Pour des raisons professionnelles, ni Claire ni moi n'avions pu les accompagner. Josiane a alors découvert une ville où le handicapé est roi, où tout est prévu pour son confort et ses déplacements.

« Lourdes est une vitrine et je le revendique haut et fort, clame son maire, Jean-Pierre Artiganave. Souvent l'image de la ville véhiculée par les médias est un cliché à bon marché. Ceux qui parlent de la cité avec condescendance ou ironie ne la connaissent pas : Lourdes ne parle jamais d'elle-même, ne se met pas en valeur ; elle se suffit, elle est condamnée au succès par sa spécificité. »

Le destin de la cité fut en effet bouleversé en 1858 par une toute jeune paysanne de quatorze ans, Bernadette Soubirous, lorsqu'elle certifia avoir eu plusieurs visions de la Vierge dans une grotte, en bordure du Gave, le cours d'eau qui baigne la ville.

Ses affirmations lui coûtèrent d'abord cher, car personne ne la croyait. Comme les handicapés, elle connut les affres de l'exclusion, de l'isolement, de l'incompréhension. Elle sortait de la normalité et tous refusaient sa différence. Elle fut d'abord jetée au cachot puis, elle qui souhaitait tant avoir des enfants, dit-on, entra chez les sœurs de la Charité de Nevers en 1866, à vingt-deux ans.

Six ans plus tard, le récit de ses apparitions commença pourtant à s'étendre et à troubler le monde des croyants. Un premier pèlerinage fut organisé vers Lourdes. Le phénomène était né : la grotte de Massabielle allait devenir un haut lieu du culte de la Vierge Marie. Dès lors, un flot croissant de fidèles convergeait vers Lourdes. Bernadette s'éteignit à Nevers en 1879 et bientôt, les pèlerins devinrent si nombreux qu'une congrégation jugea indispensable d'ouvrir sur place, en 1885, la première « Hospitalité de Notre-Dame de Lourdes », destinée à les accueillir, à leur procurer le gîte et le couvert.

Mi-auberge, mi-hôpital, ce fut l'embryon du Lourdes d'aujourd'hui, la première pierre d'une formidable structure hôtelière et hospitalière impensable, à l'époque, en cette région reculée blottie au cœur des Pyrénées.

Lourdes compte maintenant 15 203 habitants mais reçoit chaque année six millions de visiteurs, dont quatre-vingt mille à quatre-vingt-dix mille handicapés accompagnés par quelque quatre cent mille personnes. Sur place, ils sont accueillis par sept mille deux cents bénévoles venus du monde entier pour se mettre à leur service.

Pendant la période des pèlerinages, de mars à octobre, la ville s'ouvre et s'offre aux handicapés. Ici, c'est elle qui s'adapte à leurs besoins et non l'inverse. C'est un remarquable laboratoire.

Dès le lever du soleil des cortèges se forment partout en ville et se mettent en marche. Portés par l'espoir, les pèlerins viennent du monde entier.

On peut voir, groupés derrière la bannière de leur paroisse, des Espagnols descendre à pas lents la rue de la Grotte pour rejoindre près du Pont Vieux une délégation irlandaise qui progresse le long du Gave sur l'avenue du Paradis en chantant des cantiques au son d'une cornemuse. Tout le jour les cortèges se croisent, se fondent, s'imbriquent en un étrange va-et-vient cosmopolite peuplé de fauteuils roulants. Les handicapés ont l'air détendu, serein, peut-être sont-ils heureux de découvrir, enfin, un site à leur mesure, une ville conçue pour eux.

« On ne peut plus aborder un problème urbain sans penser handicap », affirme le maire de Lourdes.

Avant toute décision concernant l'urbanisme ou les transports, l'un de ses adjoints, Michel Azot, plus spécialement chargé de ces problèmes, consulte les associations, les médecins, les responsables du sanctuaire, les bénévoles pour obtenir leurs avis, leurs remarques, leurs suggestions. Un handicapé, que l'on appelle ici une « personne ressource », a été intégré par la municipalité à l'élaboration de tous les projets. Il va systématiquement sur le terrain avant et pendant les travaux, teste, note, commente, propose ou refuse.

En tous lieux, l'action menée par la mairie est visible.

La ville entreprend actuellement la rénovation des halles et la construction d'une médiathèque. Même ces bâtiments, plutôt destinés aux habitants qu'aux visiteurs, répondront à des normes très strictes afin que les handicapés de passage puissent s'insérer dans la vie quotidienne de la cité s'ils le désirent, qu'ils puissent s'imprégner de ses parfums, de sa culture, et ne pas garder seulement l'image de la grotte flanquée de ses deux basiliques juxtaposées, la souterraine et l'aérienne.

Dans tout le centre ville, autour et à l'intérieur du sanctuaire, des couloirs peints en rouge ont été aménagés pour les handicapés circulant en fauteuil roulant. Tous les autobus sont adaptés depuis longtemps au transport de personnes à mobilité réduite, mais ils sont vétustes et la ville, dès le mois de mars, va faire encore mieux en mettant en place des bus tout neufs à destination unique des handicapés et de leurs accompagnateurs, afin qu'ils puissent se rendre en n'importe quel point de la ville : « Nous souhaitons qu'ils vivent normalement tout le temps et partout », affirme Michel Azot.

C'est le but recherché mais le maire reconnaît, de son côté, que l'application de ce plan pose tout de même des problèmes auxquels on ne peut apporter que des solutions partielles, même avec la meilleure volonté du monde.

Par définition, la personne individuelle a un mode de fonctionnement qui ne correspond pas à celui du collectif. Un bus, comme tout transport en commun, est contraint à un trajet donné et limité, impliquant des horaires, ou des rotations, fixes. Ce service-là, la municipalité sait l'offrir aux handicapés mais, en revanche, elle ne peut pas proposer un service à la carte.

« Le handicapé est dans une demande permissive, explique le maire, et j'aimerais lui donner satisfaction mais, s'il est isolé dans un hôtel et qu'il a brusquement envie d'aller au cinéma, ou dans un restaurant, je ne peux détourner un bus pour lui. »

De même, la mairie réfléchit à la tarification de ses transports en commun. Beaucoup d'associations réclament un tarif réduit pour les handicapés, ce que les élus contestent. S'interdisant tout discours démagogique, ils s'en tiennent au principe de l'égalité du citoyen devant la loi, celui dont se réclament d'ailleurs les handicapés. Pour être gênés dans leur mobilité, ceux-ci n'en sont pas pour autant forcément dans le besoin. Il n'y a donc aucune raison de leur accorder un tarif préférentiel, d'autant qu'il faudrait alors définir où commence le handicap. Paralysé ? Traumatisé crânien ? Aveugle ? Sourd ? Un peu sourd ? Obèse ? On entrerait dans des complications et des contestations sans fin.

En revanche, le surcoût entraîné par les aménagements urbains spécifiques aux handicaps n'effraie pas l'équipe municipale : « Lorsqu'ils sont intégrés dès le départ dans les études, les frais supplémentaires ne sont pas exorbitants et s'insèrent aisément dans un budget global, sans trop l'alourdir », constate Michel Azot.

En fait, un contexte très particulier a permis à Lourdes de définir avant tout le monde l'enjeu que l'on souhaiterait national : ici c'est le handicap qui est normal et tout est pensé en fonction de cette notion. Merci Marie, merci sainte Bernadette – elle a été canonisée en 1933 –, c'est déjà un sacré miracle !

Pressée par son succès, Lourdes a dû, au fil des ans, s'organiser pour gérer au mieux le flot de ses pèlerins et, surtout, de ses handicapés. Aujourd'hui la machine est bien huilée. Jean-Pierre Artiganave résume ainsi les règles qui permettent d'absorber le flux constant des pèlerins et de le canaliser de manière fluide vers le sanctuaire : disponibilité, bénévolat, attention, infrastructures.

Les premières difficultés à surmonter se présentent à la gare. Pendant longtemps, celle-ci a constitué une verrue. Vétuste et obsolète, elle s'apparentait plus à un hangar qu'à un centre d'accueil. Comme première impression, ce n'était pas idéal pour les visiteurs et l'image de la ville s'en ressentait.

De gros travaux de rénovation ont été entrepris voilà six ans et cette gare offre, aujourd'hui, un visage convenable, bien plus agréable pour ceux qui y débarquent. Elle est également beaucoup plus accessible aux ambulanciers et bénévoles qui viennent prendre les handicapés en charge.

Car l'arrivée d'un train spécial exige toute une organisation. Ces convois aménagés pour les personnes à mobilité réduite sont souvent d'anciennes rames qui étaient réservées pour le transport de troupes et que l'on a transformées et adaptées aux handicapés.

Les malades, les blessés, trente-deux par wagon, voyagent, soit dans des couchettes disposées dans le sens de la marche, soit assis dans leurs propres fauteuils, verrouillés sur des rails. Beaucoup de ceux qui le peuvent préfèrent cette solution qui les perturbe moins. Ils conservent ainsi leurs habitudes, se sentent en sécurité. Cette option facilite aussi le travail des bénévoles en les soulageant de manipulations éprouvantes et dangereuses.

Josiane, Fabrice et son beau-père ont emprunté l'un de ces convois spéciaux au confort assez limité. La SNCF pourrait certainement procéder à des améliorations.

La composition détaillée de chaque train est communiquée quelques jours avant son départ au secrétariat de l'Hospitalité Notre-Dame de Lourdes qui prévoit alors le nombre de véhicules, de brancards, de fauteuils, et de personnels nécessaire pour réceptionner les différents passagers à leur arrivée en fonction de leur handicap, et les ventiler ensuite sur les différentes structures d'accueil de la ville.

Établir les plannings est un travail énorme car la moindre erreur d'appréciation peut gripper toute la machine lors de l'arrivée du train. On ne manage pas les handicapés comme les GM du Club Med. Il faut absolument que les tâches de chacun soient parfaitement définies lors de l'entrée du train en gare.

Les incidents sont rares et le président de l'Hospitalité Notre-Dame, Gabriel Barbry, s'en félicite. Bénévole, comme tous les membres de l'Hospitalité, cet homme, huissier de justice dans le Pas-de-Calais, habite Lille. Chaque semaine il traverse toute la France pour venir passer deux jours à Lourdes et veiller à la bonne marche de l'Hospitalité. Il ne s'en plaint pas : « C'est un choix et il y a tant à faire… »

Gabriel Barbry se bat sur tous les fronts. Il vient ainsi de réussir à acheter un nouveau car-ambulance destiné au transfert des handicapés de la gare, ou de l'aéroport, vers le centre ville. L'organisation en possède déjà quatre mais ils sont vieux et techniquement dépassés.

« Celui-ci, un Mercedes, est superbe, dit le président, les plateformes sont larges, confortables et le bus s'incline jusqu'à s'agenouiller à vingt-cinq centimètres du trottoir pour permettre la descente et la montée des passagers. Il est très perfectionné… et très cher : cinq cent mille euros. Heureusement, la direction de Mercedes nous a fait un magnifique cadeau en nous le cédant à moitié prix. Mais c'est tout de même une somme énorme pour nous ! »

Lorsqu'ils sont allés à Lourdes, Fabrice et ma femme ont emprunté l'un de ces cars et ils ont apprécié l'aide efficace et la gentillesse des bénévoles qui les ont accompagnés jusqu'à l'Accueil Notre-Dame où ils ont logé.

Dans le domaine de l'hôtellerie, la ville a fait également un effort considérable. Depuis longtemps, deux établissements plus ou moins médicalisés, l'Accueil Notre-Dame, installé dans l'enceinte du sanctuaire, et l'Accueil Marie-Saint-Frai, construit au centre ville à quelque trois cents mètres de la basilique, recevaient des handicapés, ou des personnes à mobilité réduite. Ils avaient pris un sérieux coup de vieux et ne répondaient plus aux normes actuelles de confort, que ce soit pour les handicapés ou pour leurs accompagnateurs. La mairie a donc décidé de les réhabiliter.

En 1996, après quinze mois de travaux, l'Accueil Notre-Dame a été refait à neuf. Puis, en 1998, c'était au tour de l'Accueil Marie-Saint-Frai de rouvrir ses portes après réfection. Le coût des deux opérations se chiffre à quarante-cinq millions d'euros mais la municipalité est satisfaite : «Avec ces deux établissements modernisés, nous pouvons maintenant offrir mille quatre cents lits, constate le maire, Lourdes est parée pour cinquante ans. »

Et M. Artiganave en profite pour faire remarquer que tout cela ne coûte pas un centime à la Sécurité sociale puisqu'il s'agit d'établissements privés gérés par des bénévoles.

Josiane et Fabrice ont pu effectivement apprécier l'agencement de l'Accueil Notre-Dame, celui où a dormi le pape Jean-Paul II lors de sa dernière visite à Lourdes, en août 2004. Tout a été étudié dans ces locaux pour faciliter les déplacements et les mouvements des handicapés.

Au rez-de-chaussée, des centaines de chaises roulantes toutes recouvertes d'une capote bleue sont soigneusement alignées dans de vastes parcs couverts. Couloirs et ascenseurs sont surdimensionnés, m'a raconté Josiane à son retour, et les chambres, toutes très sobres et d'une propreté irréprochable, sont parfaitement adaptées au handicap. Des équipes de bénévoles sont toujours disponibles si bien qu'aucun déplacement ne pose problème.

Fabrice a ainsi pu se rendre facilement jusqu'à la source de la grotte où il s'est baigné les yeux. Il souhaitait assister aux offices mais s'est plaint très vite de leur longueur et a demandé à visiter la ville. Et là aussi Josiane a très vite constaté la facilité de circulation pour les handicapés dans la cité. Pour une fois, Fabrice paraissait heureux dans cet univers sans obstacle.

C'est bien là la magie de Lourdes pour les handicapés, et c'est certainement l'une des raisons de leur épanouissement : ils se sentent chez eux, ils disposent d'une ville à leur dimension où ils peuvent se mêler à la foule sans être montrés du doigt ou aidés avec compassion. Pour Gabriel Barbry, il est même injuste de dénoncer, comme on le fait souvent, les « marchands du Temple », ces commerçants qui vendent à longueur de rues des médailles à quatre sous, des Vierges qui clignotent, et d'autres en plastique remplies d'eau de la source miraculeuse. Pour lui, ils font partie de la fête car ceux qui viennent, comme Fabrice, chercher un peu d'espoir, de réconfort à Lourdes sont heureux de pouvoir rapporter un souvenir à leurs proches, leur prouvant ainsi qu'ils ont pensé à eux et qu'ils les ont associés à leurs démarche. C'est un geste bien plus symbolique qu'on ne le pense. Il suffit de voir le chiffre d'affaires de ces commerces pour se convaincre de la demande. Nul n'oblige les visiteurs à acheter.

Lors de cette visite à Lourdes, Josiane a constaté que Fabrice n'échappait pas à l'ambiance envoûtante de la ville. Pour un handicapé, cela ne s'explique pas seulement par un confort matériel et des facilités de déplacement. Il y a autre chose, autre chose d'impalpable pour nous, que nous ne déterminons pas mais que lui ressent profondément : le regard, le regard des autres.

Des fauteuils roulants, les habitants de Lourdes en voient à longueur d'année. Ils sont partout, sur les trottoirs, dans les halls d'hôtel, aux arrêts de bus, au beau milieu de la chaussée, où ils ne dérangent même pas les automobilistes qui roulent sagement à leur rythme, sans s'énerver, sans protester. Ils font partie du décor, ils sont un élément naturel de la ville. Le handicapé ne se remarque plus, il se fond dans la foule, il est anonyme, il n'est plus étranger, il n'est plus étrange : il est. On ne détourne pas les yeux en le voyant, mais on ne s'épanche pas non plus sur son sort. On ne se précipite pas pour l'aider ; on l'aide s'il a besoin, comme ça, en passant, naturellement :

– Ça va aller maintenant ?

– Oui ça ira, merci.

– Très bien, alors bonne journée, au revoir.

Et le handicapé poursuit son chemin.

En désignant les fauteuils roulants pliés près de l'ascenseur, j'ai posé la question à la jeune équipe de réception de mon hôtel, lorsque je suis allé moi aussi à Lourdes pour la rédaction de ce livre :

– Ce n'est pas trop pesant pour vous tous ces handicapés ?

Tous ont ouvert de grands yeux :

– On ne les remarque pas du tout. Des clients comme les autres. Ils ont un accès aménagé à l'hôtel, ils entrent facilement dans l'ascenseur avec leur fauteuil et quatre chambres sont spécialement équipées pour eux. Ils souhaitent s'y débrouiller seuls et ne demandent pratiquement jamais d'aide. Ceux qui, éventuellement, pourraient en avoir besoin sont généralement accompagnés. Non vraiment, cela ne pose aucun problème. Ils circulent en fauteuil, ils sont quelquefois un peu déficients, bon, et alors ?

Et alors ?…

Le voilà l'autre regard. Cet autre monde, meilleur, promis dans les prêches, qu'évoquait Bernadette Soubirous, ne se situe pas dans l'au-delà, il est en nous, enfoui au plus profond de nous-mêmes, seulement nous n'avons pas la curiosité de nous y aventurer. Nous ne prenons pas le risque d'en forcer la porte, nous privant ainsi de sa richesse.

Lourdes sert de tremplin pour y accéder. La ville invite à regarder l'Autre différemment.

Directrice de l'Accueil Notre-Dame, pédiatre, sœur Jacqueline Mouchnino définit ainsi l'originalité du sanctuaire et de la ville : « Lourdes accueille la différence. C'est une terre où nous apprenons à nous rencontrer, à nous unir en partant de ce qui est fragile. J'apprends ici à être vraie au contact de ces femmes, de ces hommes, qui osent se montrer comme ils sont. Grâce à cette expérience, je sais aujourd'hui que j'aurai moins peur de regarder l'autre, quel qu'il soit, pas seulement le handicapé, parce que je m'oblige en permanence à quitter mes idées préconçues. Lourdes n'est pas la terre d'une religion, mais celle d'un état d'esprit qui nous préserve. »

Responsable du pavillon des personnes handicapées, Martine Guénard s'associe pleinement à ce discours, elle parle « d'état de grâce » et Josiane m'a confirmé qu'elle avait ressenti cette impression de plénitude. Peu importe qu'on l'attribue à un phénomène, à une sainte, ou à une intervention divine : c'est un fait. À Lourdes les handicapés et ceux qui les escortent sont beaucoup plus détendus. Cela tient, en partie, aux infrastructures de la ville, à son conditionnement, mais également à l'accueil. Les Lourdais ne se détournent pas des handicapés et les intègrent dans leur quotidien. De surcroît, les sept mille deux cents bénévoles chargés de l'encadrement des malades sont préparés. Ils reçoivent une formation spécifique avant de prendre leur poste.

C'est absolument indispensable, tous les responsables du sanctuaire sont d'accord sur ce point. Autrement, la tentation d'assistance serait grande et il faut l'éviter, même si elle est louable et généreuse.

Les handicapés se sentent à l'aise à Lourdes parce que là-bas, le temps d'un pèlerinage, ils ne sont plus l'« objet », mais le « sujet ». Les bénévoles qui les entourent ont été formés à ne pas « s'occuper d'eux », mais seulement à « se mettre à leur service ». Et pour se « mettre à leur service », il faut avant tout les écouter, être attentif à leurs désirs, comprendre leurs attentes. Ce n'est pas facile. Lorsqu'un handicapé tente maladroitement de se saisir d'un gobelet, on a tendance à le lui tendre, et cela peut constituer une erreur car à cet instant précis il est peut-être en train de se battre et il sera frustré qu'on le prive de mener son action à terme.

Martine Guénard sait que bon nombre de personnes invalides ne veulent pas venir à Lourdes parce qu'elles craignent que l'on s'occupe trop d'elles, alors qu'elles luttent en permanence et refusent de céder au confort de la prise en charge, synonyme de renoncement. Ces personnes n'attendent rien des autres ; elles exigent tout d'elles-mêmes.

Il est d'ailleurs fréquent que des handicapés proposent leurs services pour aider d'autres handicapés de même que les malades, les blessés, prient souvent pour leurs voisins, leurs familles, et non pour eux-mêmes.

Les bénévoles doivent savoir détecter de telles personnalités afin de les aider sans jamais les heurter. Pour cela, on leur apprend à se couler dans le corps, mais aussi dans l'esprit de ceux qu'ils prennent en charge : « Il ne doit pas y avoir d'un côté le contingent des malades, et de l'autre celui des bénévoles qui vont s'occuper d'eux, explique sœur Jacqueline, il faut que les deux forment un tout, qu'il y ait une osmose parfaite. »

Reste à en fixer les limites car, dans ce domaine aussi, l'enfer est pavé de bonnes intentions. Il faut absolument mettre les bénévoles en garde contre les terribles dégâts qu'ils pourraient causer en contrôlant mal leurs paroles ou leurs gestes.

Il y a quelques mois, une jeune fille est rentrée chez elle avec la certitude que le garçon qui l'avait accompagnée pendant tout le pèlerinage était amoureux d'elle, tant il avait été gentil, prévenant et drôle. N'ayant plus de nouvelles et ne comprenant pas ce silence, elle filait tout droit vers la dépression. Au point que ses parents ont cru un instant que leur fille avait eu, effectivement, une relation amoureuse avec le jeune bénévole et ont demandé des comptes aux responsables du sanctuaire. Il n'en était rien, la pauvre jeune fille avait imaginé une idylle là où il n'y avait que dévouement.

Les histoires de ce genre sont évidemment favorisées par le cadre et l'ambiance qui incitent au rêve : on baigne dans l'idée du miracle, de l'intervention divine, mais seule la désillusion est au bout du chemin.

Pour ne pas créer d'ambiguïtés, les responsables des équipes de bénévoles essaient, dans la mesure du possible, d'éviter la constitution d'équipages mixtes. On leur recommande même, d'une manière générale, de faire tourner les bénévoles, afin d'éviter que de faux liens d'amitié, sans suite, ne se développent. Les recommandations sont formelles : il ne faut jamais, au grand jamais, formuler des promesses qui ne seront pas tenues, ni laisser entrevoir des espoirs condamnés par avance. Le bénévole doit savoir fixer la juste distance entre le handicapé et lui. Ce n'est pas évident, d'où l'importance de la formation.

Tant sur le plan matériel que spirituel, Lourdes est vraiment la ville référence pour le handicap. Ses élus ont su trouver le bon équilibre pour que la norme ne devienne pas contrainte, ils ont transposé à l'échelle de leur cité le concept que l'architecte Paul Joly préconise aux particuliers : « il faut rééduquer votre maison. » Eux ont rééduqué la ville, permettant aux pèlerins d'aller et venir et de se recueillir en paix au terme de leur voyage.

C'est en tout cas ainsi que Fabrice, Josiane et moi avons ressenti Lourdes, une ville pilote, un exemple dont il faut s'inspirer.

Chapitre 11

Et maintenant ?

Voilà l'autopsie et le bilan d'un accident qui n'arrive pas qu'aux autres. Dans ces pages j'ai analysé, dénoncé, proposé, mais au bout du compte, je n'ai toujours pas de réponse à la question essentielle : que va devenir Fabrice ?

Son avenir est basé sur son taux de récupération et sur ce point, ne rêvons pas, il n'y a plus d'amélioration à espérer. Peut-être fera-t-il encore quelques progrès dans la marche. Actuellement il ne peut parcourir plus de deux cents mètres, en marchant lentement, sans être fatigué. On peut espérer une distance un peu plus longue à un rythme un peu plus rapide, mais ce n'est même pas certain car l'inactivité lui fait prendre du poids et c'est maintenant une masse de cent kilos qu'il doit déplacer, alors que ses muscles s'atrophient.

Son bras gauche est définitivement paralysé, entraînant un blocage de l'épaule et une décalcification. Son cerveau se réorganise, développe des circuits parallèles. Mais les lobes frontaux, ceux qui génèrent la pensée noble, abstraite, ont été gravement touchés. Fabrice parle normalement, fort heureusement, mais il a du mal à se concentrer. En un mot, il se fatigue très vite, ce qui complique les exercices de rééducation. Dans ces conditions, que pourra-t-il faire ?

Lui ne souhaite qu'une chose : reprendre son activité à Rungis, dans la poissonnerie en gros qui l'employait. Comment lui expliquer que l'on ne peut pas lui confier les mêmes responsabilités que lorsqu'il était bien portant ? Comment accepter un emploi subalterne dans l'entreprise que l'on a dirigée de main de maître ?

Fabrice pourra-t-il occuper un poste pour non-voyant ? A priori oui ! comme tout aveugle. Mais il n'a qu'une seule main valide. Cela complique terriblement la situation.

Est-il capable de se concentrer, de fixer son attention, de ne pas oublier ce qu'on vient de lui dire quelques minutes auparavant ?

Je n'ai pas de réponse mais, malheureusement, je suis pessimiste. Fabrice n'est plus Fabrice. Ou, plutôt, est un autre Fabrice. Nous ne pourrons pas lui trouver une activité, il va se laisser entraîner dans la spirale infernale qui mène à la marginalisation complète.

Prostré à longueur de journée dans son fauteuil, incapable ne serait-ce que de lire, il va se replier sur lui-même, s'enfermer dans le silence. Peu à peu ses facultés intellectuelles vont diminuer, faute de motivation.

Pensionnaire du centre pour malvoyants de Marly-le-Roi, il a appris peu à peu à se diriger, à s'habiller et à faire sa toilette seul. Bref, à acquérir le maximum d'autonomie. Il est entré dans ce centre en fauteuil roulant, il en est ressorti debout, la canne à la main. Car il doit laisser la place à d'autres ; ils sont nombreux à attendre.

Qu'allons-nous faire de lui ?

Après l'accident, nous avions tous juré : « Nous serons ses yeux, ses bras, ses jambes… » Oui ! Nous serons, nous serons… C'était bien présomptueux. Depuis 2001 nous nous battons contre des moulins à vent, nous menons un combat permanent contre les lourdeurs et les incohérences administratives. Nous avons obtenu des résultats, mais à quel prix ! Nous continuons, nous continuerons à nous battre pour lui et pour les autres…

Malgré tout l'amour que l'on peut témoigner à son fils, des handicaps aussi lourds sont durs à porter, au quotidien ils déstructurent la famille, font voler tous les liens en éclats, exacerbent les jalousies, les rancœurs.

Notre belle-fille, Claire, en a conscience. Terriblement marquée par ce drame qui a brisé sa vie, elle cherche aujourd'hui à se protéger, à protéger son fils. Il est certain qu'elle non plus ne peut pas vivre en permanence avec son mari. Fabrice se retrouve alors seul, lâché par sa propre famille. Comment va-t-il s'occuper ? Que va-t-il faire ? Fabrice ne peut rester seul un instant. Ne serait-ce que pour des raisons de sécurité car il peut, à tout moment, avaler de l'eau de Javel, croyant que c'est de l'eau minérale, se tromper de médicaments, et même mettre le feu à la maison en jetant une bûche approximativement dans la cheminée, parce que c'était un geste machinal avant... Avant qu'il ne voie plus.

Nous réfléchissons. Nous élaborons des plans qui permettraient à chacun de supporter la situation avec le moins de dommages possible, tout en sachant qu'aucun de nous, qu'il s'agisse de Claire, de ma femme, de notre second fils ou de moi, ne vivra plus jamais comme avant.

Nous nous dirigeons vers la formule de l'établissement spécialisé. Fabrice y resterait la semaine et passerait le week-end avec nous, et nous l'espérons, son fils. C'est un pis-aller. Encore faut-il trouver cet établissement et, si possible, pas trop loin de chez nous.

Combien de temps cette formule pourra-t-elle durer ? En confiant la responsabilité de Fabrice à d'autres, ne sommes-nous pas en train d'enclencher le lent processus de l'éloignement ?

Je jure chaque jour qu'il n'en est rien, que je n'ai simplement pas d'autre solution. Mais lorsque je vois à Berck, ou dans d'autres centres, tous ces handicapés que personne ne vient plus voir, je me dis qu'eux aussi, au début, devaient recevoir des visites, et qu'ensuite celles-ci se sont espacées jusqu'à disparaître.

Pas cela ! Surtout pas cela ! Mais nous ne sommes pas éternels ! Qui prendra alors en charge Fabrice ? Son frère, oui... Et peut-être son fils.

Aujourd'hui Nathan a quatre ans. Dans quatorze ans il sera majeur. Quelle sera son attitude face à un père qui n'aura pas pu être un vrai père parce qu'un jour un chauffeur routier somnolait au volant de son camion ?

Je n'ai pas de réponse. Nous n'avons pas de réponse. Y en a-t-il seulement une ? Comme je suis d'un naturel optimiste, je l'espère.

Le 10 janvier 2005, Claire a quitté le domicile. « On vient de m'écraser une deuxième fois », s'est-il contenté de dire pour résumer la situation. Et d'ajouter « Je ne sais pas si, cette fois-ci, je vais survivre. »

Au moins, nous nous serons battus pour que les handicapés ne soient plus des exclus.

Pour qu'ils puissent revendiquer le statut de vivre comme les autres, parmi les autres.

Table des matières

Direction littéraire
Huguette Maure

assistée de
Maggy Noël

Composition : Compo-Méca s.a.r.l.
64990 Mouguerre

Impression réalisée sur CAMERON par

BRODARD & TAUPIN
GROUPE CPI

La Flèche

pour le compte des Éditions Michel Lafon
en décembre 2004

Imprimé en France
Dépôt légal : janvier 2005
N° d'impression : 27698
ISBN : 2-7499-0220-7
LAF 618